民国文存

89

四書、周易解題及其讀法

錢基博　著

知識產權出版社

本書由錢基博著作二种即《四書解題及其讀法》《周易解題及其讀法》合成。前者，除《大學》《論語》《孟子》《中庸》外，另附《孝經》解題及其讀法，尤可見錢先生之于漢學、宋學之兼收並蓄，各取其長。《周易解題及其讀法》，要旨亦不离“辨章学術，考鏡源流”。從“周易”之大體、之名實到《周易》之作者、之成書，從先秦諸子之引說、兩漢學者之專論到《周易》之版本、之讀法，无不専爲考論、曲备周詳。如果説吕思勉的《經子解題》多“有益初學”的话，此二書則更適合于有一定國學特别是經學基础的研究者。其特色，簡而言之，即以經詁經，旁涉眾家，正名辨物，鉤稽詳核；援證博而推闡精，綱要備而條目明。

責任編輯：徐　浩　　**責任校對**：董志英
文字編輯：劉　青　　**責任出版**：劉譯文

圖書在版編目（CIP）數據

四書、周易解題及其讀法/錢基博著. —北京：知識產權出版社，2015.10
（民國文存）
ISBN 978-7-5130-3829-4
Ⅰ.①四…　Ⅱ.①錢…　Ⅲ.①儒家②四書—研究③周易—研究　Ⅳ.①B222.15 ②B221.5

中國版本圖書館 CIP 數據核字（2015）第 237197 號

四書、周易解題及其讀法

SISHU、ZHOUYI JIETI JIQI DUFA

錢基博　著

出版發行：知識產權出版社 有限責任公司
社　址：北京市海淀區馬甸南村 1 號　　郵　編：100088
網　址：http://www.ipph.cn　　郵　箱：bjb@cnipr.com
發行電話：010-82000860 轉 8101/8102　　傳　真：010-82005070/82000893
責編電話：010-82000860 轉 8343　　責編郵箱：xuhao@cnipr.com
印　刷：保定市中畫美凱印刷有限公司　　經　銷：新華書店及相關銷售網站
開　本：720mm×960mm　1/16　　印　張：10.5
版　次：2015 年 10 月第一版　　印　次：2015 年 10 月第一次印刷
字　數：130 千字　　定　價：43.00 元
ISBN 978-7-5130-3829-4

民國文存

（第一輯）

出版前言

民國時期，社會動亂不息，內憂外患交加，但中國的學術界卻大放異彩，文人學者輩出，名著佳作迭現。在炮火連天的歲月，深受中國傳統文化浸潤的知識分子，承當著西方文化的衝擊，內心洋溢著對古今中外文化的熱愛，他們窮其一生，潛心研究，著書立說。歲月的流逝、現實的苦樂、深刻的思考、智慧的光芒均流淌於他們的字裡行間，也呈現於那些細緻翔實的圖表中，在書籍紛呈的今天，再次翻開他們的作品，我們仍能清晰地體悟到當年那些知識分子發自內心的真誠，蘊藏著對國家的憂慮，對知識的熱愛，對真理的追求，對人生幸福的嚮往。這些著作，可謂是中華歷史文化長河中的珍寶。

民國圖書，有不少在新中國成立前就經過了多次再版，備受時人稱道。許多觀點在近一百年後的今天，仍可說是真知灼見。眾作者在經、史、子、集諸方面的建樹成為中國學術研究的重要里程碑。蔡元培、章太炎、陳柱、呂思勉、錢基博等人的學術研究今天仍為學者們津津樂道；魯迅、周作人、沈從文、丁玲、梁遇春、李健吾等人的文學創作以及傅抱石、豐子愷、徐悲鴻、陳從周等人的藝術創想，無一不是首屈一指的大家名作。然而這些凝結著汗水與心血的作品，有的已經罹於戰火，有的僅存數本，成為圖書館裡備受愛護的珍本，或成為古玩市場裡待價而沽的商品，讀者很少有隨手翻閱的機會。

鑑此，為整理保存中華民族文化瑰寶，本社從民國書海裡，精心挑出了一批集學術性與可讀性於一體的作品予以整理出版，以饗讀者。這些書，包括政治、經濟、法律、教育、文學、史學、哲學、藝術、科普、傳記十類，綜之為“民國文存”。每一類，首選大家名作，尤其是對一些自新中國成立以后沒有再版的名家著作投入了大量精力進行整理。在版式方面有所權衡，基本採用化豎為橫、保持繁體的形式，標點符號則用現行规範予以替換，一者考慮了民國繁體文字可以呈現當時的語言文字風貌，二者顧及今人從左至右的閱讀習慣，以方便讀者翻閱，使這些書能真正走入大眾。然而，由於所選書籍品種較多，涉及的學科頗為廣泛，限於編者的力量，不免有所脫誤遺漏及不妥當之處，望讀者予以指正。

目　錄

四書解題及其讀法

序

余以十四年講學北平，遇梁任公，貽以《要籍解題》一册；中《論語》《孟子》，意有異同，別篡為篇，任公不之忤也！十六年在上海，成《中庸解題》；今秋病不能事，養疴杜門，發篋得嚮時肄誦《大學》本，籀繹其指，條次成文，而後《四書》之篇第備。

伏念《明史·藝文志·經部》始立"四書"一門，前史無是例也！《論語》《孟子》，舊各為書；而《大學》《中庸》，則《禮記》中之二篇，自司馬光始表章之，二程兄弟詳為論說。而編為《四書》，則自朱子始：原本首《大學》，次《論語》，次《孟子》，次《中庸》。其教人也，以《大學》《語》《孟》《中庸》為入道之序而後及諸經：以為不先乎《大學》，則無以提綱絜領，而盡《語》《孟》之精微；不參之《論》《孟》，則無以融會貫通，而極中庸之指趣。然不會其極於《中庸》，則又何以建立大本、經綸大經，而讀天下之書、論天下之事哉！學者先讀《大學》以立其規模，次及《語》《孟》以盡其藴奥，而後會其歸於《中庸》，蓋以為學之程序，而第其書之先後也。書肆刊本，以《大學》《中庸》篇頁無多，併為一册，遂移《中庸》於《論語》之前。江都汪中好為詆訶，譔《大學平義》一篇，迺居為奇貨，謂："曾子受業於孔門，而子思則其孫也。今以次於《論語》之前，無乃傎乎"，而不知朱子之舊不如此！

今第《四書》，壹復其舊，《中庸》殿四書之末而《大學》列《論語》之前。《漢書·藝文志》："《論語》，弟子各有所記，門人相與輯而論纂。"而汪氏則謂："《大學》者，七十子後學者所記"，則亦門人相與輯而論篹之書也，何不可以次《論語》之前乎！至《中庸》以次《孟子》之後者，所以立民彝之極則，明至德之會歸。朱子蓋嘗見義於《書臨漳所刊四子後》，曰："《中庸》雖七篇之所自出，然讀者不先於《孟子》而遽及之，則亦非所以為入道之漸！"別識心裁，不同常解，未可繩以一孔之論也！

朱子為宋學大宗，而其解經則壹依漢儒家法，嘗謂："某尋常解經，只要依訓詁說字"（《語類》卷七十二）、"漢儒善說經者，不過只說訓詁"（《答張敬甫書》）、"如教人亦只言某字訓某字，自尋義理而已"（《語類》卷一百三十七）、"程先生經解，理在解語內；某集注《論語》，只是發明其辭，使人玩味經文，理皆在經文內"（《語類》卷十九），一生精力，殫於《四書》。《大學》古本為一篇，朱子則分別經傳，顛倒其舊次，補綴其闕文；《中庸》亦不從《禮記》鄭玄註分節，用漢儒《書》歐陽、大小夏侯章句、《春秋》公羊、穀梁章句之例，謂之"章句"；而《論語》《孟子》，則融會諸家之說，謂之"集注"，猶何晏注《論語》，裒八家之說，稱"集解"也。詁訓取之漢魏，義理宗於二程，先之《精義》以薈萃衆家，繼為《或問》以辨證得失。《四書》之學，朱子實以名家！

而後來紹明其學者，皈依攸同，蹊逕各別，覈而為論，不出二派。其一，採朱子《文集》《語錄》，下逮門人所記，以發明《章句集注》，則有：宋眞德秀、劉承撰《四書集編》二十六卷；趙順孫撰《四書纂疏》二十六卷；元盧孝孫撰《四書集義》一百卷，劉因刪其煩蕪，成《四書集義精要》二十卷（佚二卷）；胡炳文撰《四書通》二十六卷；倪士毅《重訂四書輯釋》二十卷；史伯璿撰《四書管窺》八卷；凡六家（盧孝孫、劉因為一家）一百三十六卷，以朱詁朱，是為正宗。其二，旁采衆家，参證同異，以折衷於《章句集注》。其中又分二派：有主發明義理者，則有宋蔡模撰《孟子集疏》十四卷，蔡節撰《論語集說》十三卷，金履祥撰《大學疏義》一卷，明呂留良撰《四書講義》四十三卷；有重訓詁考證者，則有宋金履祥撰《論語集注考證》十卷，《孟子集注考證》七卷，元張存中撰《四書通證》六卷，詹道傳撰《四書纂箋》二十卷，清程大中撰《四書逸箋》六卷。凡八家一百二十卷，或旁采博蒐，以朱子為折衷；或拾遺補闕，匡朱子所未逮。而要之，言必有宗，義取旁證，此為旁裔。其它諸家，有無心與朱子立異而頗不合於朱子者，亦分數派：則有宋鄭汝諧譔《論語意原》二卷，張栻撰《癸巳論語解》十卷，此與朱子同時而不相為謀者也。宋黎立武撰《中庸指歸》一卷、《中庸分章》一卷、《大學本旨》一卷，此與朱子同門異戶，而傳郭忠孝、郭雍之學，於程門別樹一幟者也。宋袁甫撰《中庸講義》四卷，闡陸象山之旨；而明周宗建撰《論語商》四卷，劉宗周撰《論語學案》十卷，鹿善繼撰《四書說約》三十三卷，黃宗羲撰《孟子師說》二卷，承王陽明之緒。此與朱子道不同，故不為謀者也。孫奇逢撰《四書近旨》二十卷，則又折衷朱陸之間者也。凡九家八十七卷，皆無心與朱子立異而頗不合於朱子者也。亦有立意與朱子為難而別標眉目者，則有元陳天祥撰《四書辨疑》十五卷，明高拱撰《問辨錄》十卷，清毛奇齡撰《論語稽求篇》七卷、《四書賸言》四卷、《大學證文》四卷、《四書改錯》二十二卷，凡三家六十四卷。具條覼記如上[1]，庶幾讀者窮原至委，竟其流別，

[1] 原為“右”。——編者註

足以闡明朱子《四書》，一家之學矣！

清儒解經，熹稱漢學，以自別於朱子，而門戶蹊逕，又自不同。有蒐釆異義以匡古注之闕違者：胡渭撰《大學翼眞》四卷，焦循撰《論語補疏》二卷，宋翔鳳撰《孟子趙注補正》六卷、《大學古義說》二卷、《四書纂言》四十卷，劉台拱撰《論語駢枝》一卷，沈濤撰《論語孔注辨偽》二卷，黃式三撰《論語後案》二十卷，潘維城撰《論語古注集箋》二十卷，俞樾撰《續論語駢枝》一卷；凡八家九十八卷。有紹明絕學以葺一家之佚說者：宋翔鳳輯《論語鄭注》十卷，俞樾撰《論語鄭義》一卷；凡二家十一卷，此發明鄭義者也。宋翔鳳又以劉熙之學，出於鄭氏。其注《孟子》，如“南河”“牛山”諸注，考其地形，並勝趙岐；輯《孟子劉注》一卷，此宣揚劉熙者也。劉逢祿撰《論語述何》二卷，宋翔鳳撰《論語說義》十卷，劉恭冕撰《何休注訓論語述》一卷，戴望撰《論語注》二十卷，康有為撰《論語注》二十卷，凡五家五十三卷，此紹述何休者也。但就考訂而論，亦復各有所明。有考訂名物人地者，凡七家二十六卷：閻若璩撰《四書釋地》一卷、《續》一卷、《又續》二卷、《三續》二卷、《餘論》一卷、《孟子生卒年月考》一卷，孔廣牧撰《先聖生卒年月日考》二卷，宋翔鳳撰《四書釋地辨證》二卷，此考訂地理人物者也。江永撰《鄉黨圖考》十卷，金鶚撰《鄉黨正義》一卷，此疏證名物典制者也。其他若王夫之《四書稗疏》二卷、方觀旭《論語偶記》二卷，則名物典制、人名地理，有所得，輒記之，亦屬此類。有考訂文句音義者：翟灝撰《四書考異》七十二卷，徐養原撰《論語魯讀考》一卷，蔣仁榮撰《孟子音義考證》二卷，凡三家七十五卷。至周廣業撰《孟子四考》，曰《孟子逸文考》第一、《孟子異本考》第二、《孟子古注考》第三、《孟子出處時地考》第四，則又博極羣書，而於時地人物、文句故訓，兼考備采，以自名一家言者也。若乃彌綸羣言，折衷至當，則有劉寶楠、恭冕父子撰《論語正義》二十四卷，焦循《孟子正義》三十卷，擷衆家之菁英，集清學之大成焉！特是《論》《孟》多專家，而《學》《庸》罕兼及，此乃漢學門戶，所為與朱子不同者也。

惟朱子特標《四書》以約“五經”之指歸，而漢學則揭《孝經》以見“六藝”之總會。《漢書·藝文志·六藝略》既立“孝經”一類，以統“五經”雜議，而鄭玄《六藝論》則謂：“孔子以‘六藝’題目不同，指意殊別，恐道離散，後世莫知根源，故作《孝經》以總會之”。《隋書·經籍志》亦引其語而卒之曰：“明其枝流雖分，本萌於考者也。”然則《孝經》者，“六藝”之總會，大道之本萌也，故以附於篇，匪惟徵漢宋之異學，抑以明至德之由茁。朱子精闡之以天人性命之奥，漢儒體驗之於人倫日用之常，一則發微以闡顯，一則言近而指遠。以立言論，朱子入微，而漢儒為粗；就體用言，朱子蹈空，而漢學平實。辭趣不同，而要歸之於修身以立命，盡己以淑羣，則無乎不同！

髫歲服習，初不經意，而今四十歲，飽更世患，民治革政，共而不和。爭民施奪之既久，寖尋以至今日，又見有專無制，哀哉耗已！末法披昌，人將相食！窮則反本，緟温故書，然後知聖人憂世之情深，仁民之道大也！繕寫既定，而為考鏡原流，發明指意，於文章典籍之中，得其辨名正物之意，庶幾尼山正名之義云爾！

中華人民造國之十八年十二月無錫錢基博自序

《大學》第一

《大學》之書，古之太學所以為學之道也。於今可見古人為學規模者，賴有此耳！爰撰為篇，以詔學者。

【解題及隸四書始末】《大學》為《禮記》四十九篇之一，次第四十二。自宋以前，無別行之本。司馬光有《中庸大學廣義》一卷，見陳振孫《書錄解題》；而《大學》一書，始與《中庸》駢稱別出。程顥及弟頤世稱二程夫子，為道學開山之祖；教人自致知至於知止，誠意至於平天下，灑掃至於窮理盡性；表章《大學》《中庸》二篇，與《論語》《孟子》並行，以為標指，而達於六經。迄宋南渡，新安朱熹得程氏正傳（《宋史·道學傳》），在孝宗淳熙之世，迺撰《大學章句》，與《中庸章句》《論語》《孟子集註》并行。寧宗朝，開僞學禁，稱《朱熹四書》。自是有《四書》之目，而《大學》遂為《四書》之一。

謂之“大學”者，厥誼有三。一曰“大學”者，太學之道。《禮記》鄭玄註：“大，舊音‘泰’”，程子改讀如字。按，大小、太少，古籍通用，如“大宰”一曰“太宰”、“小宰”一曰“少宰”之類，不以老稚、巨細分也。大學之對小學而得名，雖程朱未之易也！（王夫之《四書稗疏·一》）朱熹之序《大學章句》曰：“人生八歲，則自王公以下，至於庶人之子弟，皆入小學，而教之以灑掃、應對、進退之節，禮樂、射御、書數之文；及其十有五年，則自天子之元子、衆子，以至公、卿、大夫、元士之適子，與凡民之俊秀，皆入大學，而教之以窮理、正心、修己、治人之道。此又學校之教、大小之節所以分。”則是小學為童子之學，大學為成人之學，是小學為少學，而大學為太學矣！《大學》之書，古之太學所以為學之道也。此一誼也。一曰“大學”者，大人之學（《朱子章句》），“大人”以對“小人”而得名。樊遲請學稼，子曰：“小人哉，樊須！”（《論語》）子路言必信、行必果，子又斥之曰：“硜硜然小人哉！”（同上）孟子稱：“體有小大，養其小者為小人，養其大者為大人。”（《孟子·告子·上》）小人者，私其我於一己者也；大人者，擴其我以善羣者也。大學之道，本之修身，達於天下，明德匪徒自明，親民期於至善；舉修身、齊家、治國、平天下，而一貫以格物、致知、誠意、正心之學；既不同於孟子之所譏“養其小者”，亦非如獨善其身、言信行果之為硜硜然小人。此其所以為大人之學也！又一誼也。抑余重有進焉：“學”之為言“覺”也。（《白虎通·辟雍》）“大學”者，“大覺”之誼也。儒者之稱“大學”，懸為治學者至高之鵠的，猶之釋氏標“佛”為最高境詣，以樹進修之鵠。“佛”，正音“佛陀”，漢言“覺”也。“覺”具三義：一者“自覺”，悟性眞常，了惑虛妄；二者“覺他”，運無緣慈，度有情界；三者“覺行圓滿”，窮原極底，行滿果圓（《翻譯名義集·十種通號·第一》）。此之謂“佛”，亦此之謂“大學之道”。“在明明德”者，“自覺”也；“在親民”者，“覺他”也；“在止於至善”者，“覺行圓滿”也。佛之教人也，則曰：“唯行菩薩行者，得成佛；其修獨覺禪者，永不得成佛”。何謂“菩薩行”？“菩薩”，正音“菩提薩埵”。“菩提”，此謂之“覺”；“薩埵”，此曰“衆生”。以智上求菩提，用悲下救衆生（《翻譯名義集·三乘通號篇·第五》），故曰“菩提薩埵”。儻證之於大學：由格物而致知、而誠意、而正心、而修身，以智上求菩提也，“在明明德”之事也；由齊家而治國、而平天下，用悲下救衆生也，“在親民”之事也。如是者為菩薩行，而成佛者舍是莫由！伊尹曰：“天之生斯民也，使先知覺後知，使先覺覺後覺也。予，天民之先覺者也，予將以斯道覺斯民也！非予覺之而誰也！”（《孟子·萬章上》）是謂“菩薩發心”。而“獨覺禪”者，以自證自果為滿足者也，譬之吾儒，則“言必信、行必果”之“硜硜然小人”矣！獨覺禪之所以永不得成佛者，以自覺而未能覺他也；“言必信、行必果”之所以為“小人之硜硜”者，以獨善而未能兼善也。必“明德”“親民”而“止於至善”，斯為“大學”之究竟義。

【大學之作者】按，鄭玄《目錄》曰：“名曰‘大學’者，以其記博學可以為政也，此於《別錄》屬通論”（《禮記正義》引），而不言作者何人（毛奇齡《四書改錯》云：“鄭氏《禮》註、孔鮒《孔叢子》並云：‘《大學》《中庸》，皆子思所作’”，此或可據。今檢兩書，不得，未識何本）。蓋東漢時，已不得作者姓名。朱熹撰《大學章句》，分《經》一章、《傳》十章，以為：“《經》一章，蓋孔子之言，而曾子述之；其《傳》十章，則曾子之意而門人記之也。”其《答林擇之書》云：“《傳》中引曾子曰，知曾氏門人成之”，此則信矣！然孔門記夫子之言，必稱“子曰”“子言之”“孔子曰”“夫子之言曰”以顯之，今《大學》不著何人之言，以為孔子，義無所據（汪中述學《大學平義》）。休寧戴震東原幼而就傅，授《大學章句》。至右經一章以下，問師：“此何以知為孔子之言而曾子述之？又何以知為曾子之意而門人記之？”師應之曰：“此朱文公所說。”卽問：“朱文公何時人？”曰：“宋朝人。”“孔子、曾子何時人？”曰：“周朝人。”“周朝、宋朝，相去幾何時矣？”曰：“幾二千年矣。”“然則朱文公何以知然?”師無以應（段玉裁《戴東原先生年譜》）。按，朱熹以前，實未有以《大學》為曾子作者，然考訂聖賢之言，亦以其義理辭氣得之，非必全藉佐證，且如張揖以《爾雅釋詁》為周公作，揖亦生周公千載之後，何以知其然？而諸儒不疑也。又如《緇衣》為公孫尼子作，此出於劉瓛之言，而論者無異議，又何獨可信乎？朱熹以為《大學》曾子作，亦此類也（方東樹《漢學商兌》卷中之上）。惟《大學》之書，理極宏博，而曾子所作，語出肊測。君子於其所不知，蓋闕如也；既無佐證，不如闕疑。特玩誦其文，平正無疵，與《坊記》《表記》《緇衣》伯仲，為七十子後學者所記，於孔氏為支流餘裔，師師相傳（汪中述學《大學平義》），要可斷言云！

【大學之本子】昔蕭山毛奇齡大可撰《大學證文》四卷，備述諸家《大學》改本之異同，首列《禮記註疏本》，大學之眞古本也。次列《漢熹平石經本》，有錄無書；以原本不傳，且考驗舊文，知卽今《註疏》之本，故不複列。次為《魏正始石經本》，明鄞人豐坊道生所依託者；仍列於前，從其所偽之時代也。次為《明道程子改本》，次為《伊川程子改本》，次為《朱子改本》，皆錄全文。次為《王柏改本》，次為《季本改本》，次為《高攀龍改本》、卽《崔銑改本》，次為《葛寅亮改本》，皆僅列其異同之處，而不錄全文。凡十本，而《漢熹平石經本》卽《註疏本》，實九本。宋以前，皆用《註疏本》；宋以後，改本不一，而朱熹為大宗。

熹撰《章句》，蓋折衷於《註疏本》與《程顥本》之間者。顥以“《康誥》曰：‘克明德’”以後，釋“明”字、“新”字、“止”字者，聯於首章“明德”“親民”“止至善”三語之下；然後及“古之欲明明德”一章；又然後以“所謂誠其意”以後節節釋焉。而頤則自“大學之道”至“未之有也”下，接“子曰：‘聽訟，吾猶人也’”至“此謂知本”；下接“此謂知之至也”；下接“《康誥》曰：‘克明德’”至“止於信”；下接“所謂誠其意者”至“辟則為天下僇矣”；下接“《詩》云：‘瞻彼淇澳’”至“此以沒世不忘也”；下接“《康誥》曰：‘惟命不於常’”至“驕泰以失之”；下接“《詩》云：‘殷之未喪師’”至“亦悖而出”；下接“生財有大道”至“以義為利也”。惟首尾三段，仍其舊貫，而移易倒錯，漫及全篇矣！熹則用顥而不用頤，《自記大學後》曰：“《大學》一篇，《經》二百有五字，《傳》十章。今見於戴氏《禮》書，而簡編散脫，《傳》文頗失其次，子程子蓋嘗正之。熹不自揆，竊因其說，復定此本。蓋《傳》之一章，釋‘明明德’；二章，釋‘新民’；三章，釋‘止於至善’（以上並從程本，而增‘《詩》云瞻彼淇澳’以下）；四章，釋‘本末’；五章釋‘致知’（並今定）；六章釋‘誠意’（從程本）；七章，釋‘正心、修身’；八章，釋‘修身、齊家’；九章，釋‘齊家、治國、平天下’（並從舊本）；序次有倫，義理通貫，似得其眞，謹第錄如上”（《朱子文集》卷八十一）。云“舊本”者，《註疏本》也。自是，《熹本》行而《註疏》廢。後儒不慊於《熹》者，迺反本修古而用《註疏本》，明王守仁之撰《大學古本旁釋》一卷（一本四卷）是也。《大學古本》：“其本亂”至“未之有也”，接“此謂知本”至“故君子必誠其意”（熹本《傳》之第五章、第六章）；下接“《詩》云：‘瞻彼淇澳’”至“此以沒世不忘也（熹本《傳》之第三章下半）；下接“《康誥》曰：‘克明德’”至“止於信”（熹本《傳》之第一章、第二章及第三章上半）；下接“子曰：‘聽訟’”至“此謂知本”（熹本《傳》之第四章）；此《大學古本》之異於朱熹者也。

逐清一代，漢學極盛。安溪李光地晉卿一生宗信朱熹，而撰《大學古本說》一卷，獨依《註疏》而不與同。而長洲宋翔鳳于庭論學宗西漢，尤以《大學》——《禮記》四十九篇之一——首尾完具，脈絡貫通，無經傳之可分，無缺亡之可補，成《大學古義說》二卷以廢朱熹。顧亦有用朱熹而删其補《傳》者。德清胡渭朏明撰《大學翼眞》七卷，其第四卷以下，為渭所考定之本，大指仍以朱熹為主，力闢王守仁改本之誤；以《經》為一章，《傳》為八章。其《誠意章》以下，與諸本並同。惟以"《康誥》曰"至"是故君子無所不用其極"為第一章，統釋"三綱領"；以"《詩》云：'邦幾千里'"至"此以沒世不忘也"為第二章，謂前三節釋《經》"知止""能得"之序，後兩節釋"知止"之由與"能得"之序；以"聽訟，吾猶人也"一節為第三章，謂釋"本末"之意，而移"此謂知本"二句於前章"止於信"之下，與諸本為異。其說與朱熹雖小異，然僅謂"格致"一章，不必補《傳》耳。

要之，《大學》一書，以《註疏本》為最古，以《朱熹本》為最通行，一漢一宋如日月之經行中天！謹為條其原委於此。

【大學之讀法】《大學》之書，文章典則，辭趣宏深，擴其量以"平天下"，引其緒於"明明德"，故聖人能以天下為一家、中國為一人者，非意之也，六通四辟，運用無乎不在矣！豈容草草？為擬讀法：

第一，明其宗旨。大學者，大人之學，不私其我於一己之學；大覺之道，匪以獨覺為自慊之道；題蘊昭宣，宗旨自明。"格物""致知"者，始事也；"誠意""止至善"者，極功也。所謂"誠其意"者，毋自欺也！以之修身，謂之"明德"；以之淑人，謂之"親民"。以言乎天地之間，則備矣！《大學》之以"至善"知止，猶《易卦》之以《未濟》終篇。精益求精，人心既無自慊之日；善又有善，吾道寧有息肩之涯。引之彌長，恢之彌廣。善之鵠的，既以人羣之進化而彌高；學之勵修，又以鵠的之繼高而精進。此《易》六十四卦之所為終於《未濟》，而“止至善”所以為《大學》之極詣也！

第二，覈其篇章。周秦古書，凡一篇述數事，則必先詳其目而後備言之，首末相應（汪中述學《大學平義》），此不僅《大學》為然；獨《大學》一篇，朱熹分為《經》一章，《傳》十章，最為清儒所訾議。然按《注疏本》，鄭玄於後諸節，皆一一分注曰：“此廣明‘誠意’之事”“覆明前經正心‘修身’之事”“重明前經‘修身’‘齊家’之事”“覆明前經‘齊家’‘治國’之事”“覆明上文‘平天下先治其國’之事”，是鄭君亦已覈其篇章、分應前經（方東樹《漢學商兌》卷中之上），非朱熹始分章也。《毛詩·豳風·七月》首章，《鄭箋》云：“此章陳人以衣食為急，餘章廣而成之。”然則古人之文，有以餘章廣成首章之意者。若朱熹但於首章之下云“餘章廣而成之”而不分經傳（陳澧《東塾讀書記》卷九），此則鄭君家法，而清儒不能加以訾議者也。特是鄭君注《大學》，既一一分應前經，不應“誠意”前獨闕“格物”“致知”之事，而又以“曾子曰”“《淇澳》《烈文》兩詩，《康誥》《太甲》《帝典》三書，《湯盤》《玄鳥》《文王》之詩，夫子‘聽訟’之言”，總謂“皆是誠意之事”，殊為混淆不確（方東樹《漢學商兌》卷中之上）！此其中有譌脫，固可懸揣而知。朱熹移易補《傳》，固為武斷，而理順文從，特為過之，此以終古不廢也！或以“誠意”，正學者切要處，所以成始而成終者，不當退處於後？然《大學》開篇曰：“在明明德”，則上一“明”字，自不可忽。“格物”“致知”，正明之之實事始功，

"誠意"非所以成始也，故曰："欲誠其意者，先致其知""知至而後意誠"，次第分明，然則朱熹退之處後，何嘗無據也（方東樹《漢學商兌》卷中之上）！熹於《大學》，修改無虛日，《誠意》一章，未終前三日所更定（王懋竑纂訂《朱子年譜》卷四），豈漫為然。夫意之不誠，由於知之未致，《中庸》曰："誠之者，擇善而固執之者也。博學之，審問之，慎思之，明辨之，篤行之。有弗學，學之弗能弗措也；有弗問，問之弗知弗措也；有弗思，思之弗得弗措也；有弗辨，辨之弗明弗措也；有弗行，行之弗篤弗措也。人一能之，己百之；人十能之，己千之。果能此道矣，雖愚必明，雖柔必強。"《中庸》之言"自明誠"，猶《大學》之言"知至而後意誠"也，何疑於朱熹之退《誠意》章於後乎！

第三，稽其訓詁。按，《大學》訓詁之聚訟者，不出三事：一曰"明明德"。鄭玄注："明明德，謂在明其至德也。"孔穎達疏："章明己之光明之德，謂身有明德而更章顯之。"註以"明德"為"至德"，既涉浮泛；疏用"章顯"訓上"明"，尤近外鑠。循文為訓，未中肯要！獨熹章句最為警切，稱："明，明之也；明德者，人之所得乎天，而虛靈不昧，以具衆理而應萬事者也。但為氣稟所拘、人欲所蔽，則有時而昏，然其本體之明，則有未嘗息者，故學者當因其所發而遂明之，以復其初也"。上"明"之解，用鄭註而特分明了當；"明德"之訓，取孔疏而更鞭辟入裏。《爾雅·釋言》："明，朗也。"《賈子》《六術》《道德說》皆稱："明者，德之理"，而緟言以申之曰："德生理。理，離狀者也。性生氣而通之以曉，理生變而通之以化。明者，神氣在內則無光，而為之明，則有輝於外矣。外內通一，則為得失；事理是非，皆職於知。故曰'光輝謂之明'，明生識，通之以知"。《說文·明部》："朙，照也；从月，从囧明。"

(古文“明”从日)《廣雅·釋詁·三》:“明,類也。”《釋詁》曰:“明,發也。”从日从月,以象本體之明,故曰“人之所得乎天”;曰朗曰照,以擬中邊之徹,故曰“虛靈不昧”;曰類曰發,以通離狀之理,故以“具衆理而應萬事”。古訓是式,豈曰苟焉而已!然後知熹彌綸羣言、研精一理為不可及也!

二曰“親民”。孔穎達疏稱:“親愛於民”。而程顥則曰“親當作新”,朱熹《章句》采焉。清儒多明孔疏以難程朱,然下文釋“明明德”之後,引湯之《盤銘》曰“苟日新,日日新,又日新”、《康誥》曰“作新民”、《詩》曰“周雖舊邦,其命惟新”,則是明以“新民”為言。而上文必執“親愛”為訓,前後不照,於義何取!且同聲通叚,古書極多其例,何獨於“親當作新”而疑之!

三曰“格物”。鄭玄注:“格,來也。物,猶事也。其知於善深,則來善物;其知於惡深,則來惡物”,穿鑿難曉,於上下文義尤扞格。而朱熹《章句》則曰:“格,至也。物,猶事也”“所謂致知在格物者,言欲致吾之知,在卽物而窮其理也”。“物”之“猶事”,旣同鄭玄;“格”之詁“至”,語出《爾雅》(《爾雅釋詁》:“格,至也”)。“格物”,猶言隨事也。熹《癸未垂拱奏劄》稱:“大學之道,在乎格物以致其知。格物者,窮理之謂也。蓋有是物,必有是理,然理無形而難知,物有迹而易覩,故因是物以求之,使是理瞭然心目之間而無毫髮之差,則應乎事者,自無毫髮之繆。陛下雖有生知之性、高世之行,而未嘗隨事以觀理,故天下之理,多所未察;未嘗卽理以應事,故天下之事,多所未明。”(《朱子文集》卷十三)此朱熹“格物”之眞實解故,而所以自命一家!蓋舍“格物”而言“明德”,象山之學也;離“明德”而言“新民”,永嘉之學也(永嘉之學,薛季宣、陳傅良、葉適為著其學,主禮樂制度,以求見之事功。而推原以為，得統於程氏），則是大學者，朱熹之學所自出也。特為疏通證明如此。

余六歲讀《大學》，迄四十歲，涵泳體味，久而有會。粗述覩記，以備研討云爾。

《論語》第二

昔仲尼微言，門人追記，故仰其經目，稱為“論語”；蓋羣“論”立名，始於此矣（劉勰《文心雕龍·論說第十八》）。夫大道無名，聖人不稱；聖人豈不欲廢去應問、體道以自冥哉？道無問，問無應，不發一言，下與萬物同患，此特畸人耳，匪聖人之所尚！然則孔子雖欲忘言，豈可得哉？不得已而言理，以答學者之問而已（陳祥道《論語全解·序》）！粗述覩記以篹為篇。

【解題】“論語”云者，孔子門人論篹夫子之語而因題耑也。《漢書·藝文志》曰：“《論語》者，孔子應答弟子、時人及弟子相與言而接聞於夫子之語也。當時弟子各有所記。夫子既卒，門人相與輯而論篹，故謂之‘論語’”，則是門人論篹夫子之語而因題耑也。《論衡·正說篇》：“初，孔子孫安國以教魯人扶卿，官至荊州刺史，始曰‘論語’”，若以《論語》之名，為安國所題者。然按《論語》名，見《禮記·坊記》引：“《論語》曰：‘三年無改於父之道’”。而《禮記》百三十一篇，《漢書·藝文志》箸錄以為“七十子、後學者所記”，然則《論語》之題，當不始於安國也。《詩·大雅》毛傳曰：“直言曰言，論難曰語。”《說文·言部》：“直言曰言，論難曰語”；“語，論也”，“論，議也”，“議，語也”。“語”“論”“議”三字展轉互訓，是“論”“語”二字異名同詁，為與人言之稱也。今按其書所記，有孔子答弟子問者、有弟子自相答問者，又有時人相言者、有臣對君問者、有師弟子對大夫之問者，亡慮多‘論難’之語，《論語》題耑，或亦以此？然其中“直言”之言，亦自不少，如“子曰”“有子曰”“曾子曰”“子夏曰”之屬是也。或說：“名書之法，必據體以立稱，猶如以‘孝’為體者，則謂之《孝經》；以‘莊敬’為體者，則謂之《禮記》。然此書之體，適會多途，皆夫子平生應機立教，事無常準；或與時君抗厲，或共弟子抑揚，或自顯示物，或混迹齊凡；問同答異，言近意深，《詩》《書》互錯綜，典誥相紛紜；義既不定於一方，名故難求乎諸類，因題“論語”二字，以為此書之名。論者，綸也，輪也；言此書經綸今古，而義旨周備，圓轉無窮，如車之輪也。”（見皇侃《義疏・序》；疑皇疏非眞，故“或”之）此疑後起之新義，而非本來如此也，特以深得聖人“應機立教”之旨，故輒著焉。

【論語之記者】說者不一。《論語讖》稱：“子夏六十四人共撰仲尼微言”，則撰者不一人；何晏《集解敍》云：“漢中壘校尉劉向言：‘《魯論語》二十篇，皆孔子弟子記諸善言也’”，此最古說，東漢班固本之而著入《漢書・藝文志》者也。趙岐《孟子題辭》曰：“七十子之儔，會集夫子所言以為《論語》”，亦與劉向說同。獨鄭玄《論語序》謂：“仲弓、子游、子夏等撰。”（見劉寶楠《論語正義》附錄《鄭文論語序》佚文）子夏出《論語讖》，然又指出仲弓、子游，不知何本？魏朝王肅亦同其說（陸九淵《象山語錄》曰：“鄭康成王肅謂：‘《論語》為子遊、子夏所編’”）。此第二說也。然謂之曰“等”，則所該者廣，猶是“孔子弟子記”之意爾。獨唐柳宗元駁難“孔子弟子記”之古說，而以為“曾子弟子之為之”也。曰：“孔子弟子，曾參最少，少孔子四十六歲。曾子老而死，是書記曾子之死，則去孔子也遠矣！曾子之死，孔子弟子略無存者已！吾意曾子弟子之為之也。是書載弟子必以字，獨曾子、有子不然，由是言之，弟子之號之也。有子稱‘子’者，孔子之歿，諸弟子以有子為似夫子而師之也。今所記獨曾子最後死，余是以樂正、子春、子思之徒與為之爾”（見《論語辨》）。此後起之新說也。

宋儒程頤曰：“《論語》之書，成於有子、曾子之門人，故是書獨二子以‘子’稱。”蓋仍柳宗元之說，而稍有不同者，蓋柳氏以為“曾子弟子之為之”，而程子以為“有子之門人與為之”也。朱熹載其說於《集注》之前。近儒康有為、梁啟超皆以其說為不可易者也，特康氏用柳說（見《論語注序》），而啟超採程子耳（見《要籍解題》）！然宋之楊時、陸九淵，清之姚鼐、劉寶楠，皆疑程子之說為未必然。時之說曰：“《論語》首記孔子之言而以二子（有子、曾子）之言次之，蓋其尊亞於夫子”（見《論語解》），不主師說出其門人。而九淵以為“《學而篇》‘子曰’次章便載‘有若’一章，又‘子曰’而下載‘曾子’一章，皆不名，而以子稱之，蓋子夏輩平昔所尊者，此二人耳”（見《象山語錄》），特出揣測之辭，尚未有佐證也！姚鼐則引《檀弓》為佐證，謂：“《檀弓》最推子游，似子游之徒所為；而於子游稱字，曾子、有子稱子，似聖門相沿稱皆如此，非以字與子為重輕也。”（見《古辭篹・論語辨》注中）余按，《檀弓》之記有子、曾子，皆有貶辭，而於曾子特甚，然不敓其“子”之稱也，知姚氏“聖門於二人相沿稱子”之說為信。

顧亦有以閔子騫稱字，徵為閔子騫撰者。宋永亨謂：“《論語》所記孔子與人語及門弟子問答，皆斥其名，未有稱子者，雖顏、冉高弟，亦曰‘回’、曰‘雍’。至閔子獨云子騫，終此書無指名，意其出於閔氏”（王鳴盛《蛾術編・迮鶴壽》按引明張燧《千百年眼》亦有此說）。然按《論語》記諸賢，稱字者亦不一例，如仲弓、子路、子夏、子游、子張、子貢、子賤、子羔，皆獨稱字；顏淵、冉伯牛、漆雕開（本名啟字開，以開為名，誤自孔注《論語》。“開名”、俗本《家語》“開字子若”之文，說詳閻若璩《四書釋地·三續》）、公冶長、巫馬期、司馬牛、曾晳、公西華、樊遲與閔子騫，則皆字而加姓。又有名氏字直書者，如有子又稱有若，陳子禽又稱陳亢，原思改稱憲，宰我又稱予，南容又稱南宮适，冉有又稱冉求、亦止稱求；既氏字矣，而又名之，迄不畫一。蓋七十子之徒記其師，固以書字為敬，或加氏者，必七十子及三千人中更有與同字一人，則加字以為識別。《史記·仲尼弟子列傳》載：冉子、有子並字子有，奚容葴、伯虔並字子晳，會葴（卽“點”字）、狄黑並字晳，榮旂、縣成並字子旗，驤駟赤、鄭國並字子徒，公祖句茲、秦非並字子之，顏噲、樂刻並字子聲，漆雕哆、邽選並字子斂，公西輿、公西藏並字子上。七十二子中，同字者已九人；三千之徒，從可知矣。以有兩子有、兩子晳，故記曾子、冉子，必加字，斷無書子有、子晳者；他皆此例也。至“哀公問年饑”章稱“若”，君前臣名之禮也；“問異聞”章稱“亢”“問恥”章稱“憲”“問羿奡”章稱“适”“問禮之本”章稱“放”“太宰問子貢”章稱“宰”“非不說子之道”章稱“求”，或其自記；“晝寢”章稱“予”“季氏富於周公”章稱“求”，或以夫子聲其罪，故貶而名之（劉書年經說《論語記諸賢稱謂說》）。“或曰：‘雍也仁而不佞’”，此“或人”必是夫子之同輩（王鳴盛《蛾術編·迮鶴壽》按）。然則《論語》之記諸賢，稱名有故、稱字通例，匪獨閔子騫而已。胡寅謂：“《憲問篇》不書姓，且直稱名，疑通篇皆憲所記。”（見《論語詳解》）而何異孫則曰：“《公冶長》一篇，多論人物，恐是子貢門人所記。《先進》一篇稱‘閔子侍側’，恐是閔子門人所記。第十七篇，多子

貢、子夏之言，然亦必曾子門人記之，以有‘曾子曰’故也。”（見《十一經問對》）

要之，《論語》之作，不出一人，故語多重見，《漢書・藝文志》曰“當日弟子各有所記”者也。“門人相與輯而論篹”，自在“夫子既卒”之後。“門人”者，孔子之再傳弟子也。《里仁篇》：“子出，門人問曰：‘何謂也’”；《正義》：“門人，曾子弟子”，此其證也。古謂親受業者為弟子，轉相受者為門人；漢人則曰門生，《後漢書・賈逵傳》曰“逵所選弟子及門生”者是也。今推《漢書・藝文志》之意，蓋謂孔子應答弟子、時人及弟子相與言而接聞於夫子之語“有所記”者，“當時”之“弟子”；而“相與輯而論篹”者，“夫子既卒”以後之“門人”也。《論語讖》稱“子夏等六十四人共譔”，意“六十四人”者，必多“夫子既卒”以後之“門人”；而“相與輯而論篹”之時，嘗以質正於子夏，故以子夏題首。據《史記・孔子世家》，孔子生於魯襄公二十二年，而《仲尼弟子列傳》，則稱子夏少孔子四十四歲，則子夏之生，在魯定公三年也。據《十二諸侯》及《六國年表》，又十二年而魯哀公立，又二十九年（《魯世家》作“二十七年”）而魯悼公立，又三十七年而魯元公立。元公四年，魏文侯之元年也。文侯十八年，受經於子夏（《魏世家》載受經事在二十五年）。《禮記・樂記》有文侯問樂於子夏事，想亦在是時；計是時，子夏已百有一歲。若就《魏世家》計之，則百有八歲矣！然則孔子七十二弟子，獨子夏最老壽、後死；“門人相與輯而論篹”，必以子夏逮事夫子，而為有道之正焉！是時去魯悼公之歿二十二年，而去魯哀公之歿，已五十一年矣！然則記曾子之死，稱魯哀公、季康子、子服景伯、孟敬子諸人之謚，而王鳴盛、梁啓超之所引以為疑者（見王鳴盛《蛾術編》、梁啓超《要籍解題》)，又何足怪！而記言之弁以“子曰”，如《佛經》之冠以“如是我聞”，所以明師說、絕杜撰。《智度論・二》載：佛入滅時，阿難請問四事，其第四問：“一切經，首置何字?”佛答：“以後一切經，首當置‘如是我聞’。一時佛在某處，與某某衆、若干等，何以故？過去諸佛經初皆稱是語，未來諸佛經初亦稱是語，現在諸佛末後涅槃時，亦教稱是語。”將以溯師承之所自，徵見知之有人。

今按《漢書・藝文志》稱：“《論語》者，孔子應答弟子、時人及弟子相與言而接聞於夫子之語。當時弟子各有所記。夫子既卒，門人相與輯而論篹。”而《禮・檀弓》記曾子述夫子“喪欲速貧，死欲速朽”之言，而有子固徵“非夫子之言”。可知凡記一義，無不幾經討論；聞見有共，門人公認，而後篹以入書。特著“子曰”者，所以見“門人相與輯而論篹”“非夫子之言”不輯也！《孟子》引孔子之言凡二十九，見於《論語》者八：“學不厭而教不倦”“里仁為美”“君薨聽於冢宰”“大哉堯之為君”“小子鳴鼓而攻之”“吾黨之士狂簡”“鄉原德之賊”“惡似是而非者”；而其不見《論語》者二十一，當必為門人論篹之所不輯，而聞知見知之無徵不信者矣！至“所與輯而論篹”，可考見其體者有二：一，《論語》記聖人之言，有但記其要語，其餘則删節之者，如《孟子・盡心下》：“過我門而不入我室，我不憾焉者，其惟鄉原乎！鄉原，德之賊也”。據此，則《論語》所記，節去上三句也。以此推之，如“君子不器”“有教無類”，四字而為一章，何太簡乎？必有節去之語矣。所以然者，書之於竹簡故也。故竹簡謂之簡，文字少亦謂之簡；字、義之相因，大率類此。二，《論語》記弟子之問有兩體，如子貢問曰：“何如斯可謂之士矣”子張問曰：“何如斯可以從政矣?”凡問者蓋皆如此，必有所問之語也。簡而記之，則但曰“問政”“問仁”“問孝”耳。且諸賢之問，固有所問之語，尤有所問之意，如子貢問：“何如斯可謂之士”。豈子貢身為士而竟不知士之謂乎？此乃求夫子論古今士品之高下，故問及今之從政者；其他可類推也（陳澧《東塾讀書記》卷二）！因為籀其大例，發其指意於此。

【論語之本子】《漢書·藝文志》箸錄三本：一，《論語》古二十一篇；二，《齊》二十二篇；三，《魯》二十篇。孔子垂教於魯，其傳當以《魯》為宗。《齊論》者，齊人所傳，多《問王》《知道》二篇，凡二十二篇；其二十篇中，章句頗多於《魯論》。武帝時，魯共王欲以孔子宅為宮，壞，得《古文論語》；分《堯曰》以下、“子張問政”為《從政篇》，凡二十一篇（何晏《集解》敍曰：“分《堯曰》下章‘子張問’以為一篇，有兩《子張》，凡二十一篇。”與《漢書·藝文志》不同）。桓譚《新論》說《古論》云：“文異者四百餘字。”（見陸德明《經典敍錄》引）或說：“《古論》以《鄉黨》為第二篇、《雍也》為第三篇。”（見皇侃《義疏·序》；疑皇疏非眞，故“或”之）篇次亦不與《齊》《魯論》同。

安昌侯張禹本受《魯論》，兼講《齊》說，合而考之，采獲所安，為《論語章句》；除《問王》《知道》二篇，從《魯論》二十篇為定；最後出而尊貴，諸儒為之語曰：“欲為《論》，念張文”，由是學者多從張氏，號《張侯論》（兼采《漢書》本傳，《志》有《魯安昌侯說》二十一篇），而禹本傳大書曰“為《論語章句》”是也。是為《論語》之第四本。東漢之包咸、周氏《章句》出焉（見何晏《集解序》）；是為《論語》之第五、第六本。其後鄭玄以周氏《章句》之《張侯論》為本，以《齊》《古》讀正，凡五十事（兼采《隋書·經籍志》、陸德明《論語音義》之說。陸氏《音義》曰：“鄭校周之本，以《齊》《古》讀正，凡五十事。”宋翔鳳《師法表》

云："周之本，卽周氏之出於張侯者。"劉實楠《論語正義》云："今以鄭氏佚注校之，衹得二十四事。"）；是謂《論語》之第七本。

魏朝何晏之《集解》出焉。然《集解》本亦有與鄭異者，如《為政》"有酒食，先生饌"，"饌"鄭作"餕"；《里仁》"無適也"，"適"鄭作"敵"；《先進》"異乎三子者之撰"，鄭作"僎"；《憲問》"子貢方人"，"方"鄭作"謗"；《微子》"朱張"，鄭作"侏張"，"廢中權"，"廢"鄭作"發"（見陸德明《經典釋文》）。是為《論語》之第八本，蓋卽今《十三經注疏》本而流傳於世者也。大衹何晏採鄭玄，而鄭玄本張侯；篇次從《魯論》，而章句參《齊》《古》，斯可考定者。惟何晏在魏朝，能清言而善《老》《易》；其為《集解》，大都集孔安國、包咸、周氏馬融、鄭玄、陳羣、王肅、周生烈諸家所說（中孔安國說疑出王肅偽托，見丁晏《論語孔注正偽》），而輒以玄譚。如解《公冶長》"性與天道不可得聞"謂："性者，人之所受以生；天道者，元亨日新之道；深微，故不可得聞也"，解《衛靈公》"一以貫之"謂："善有元，事有會，天下殊塗而同歸，百慮而一致；知其元，則衆善舉矣；"此輒以《老》《易》之玄譚者也。然後儒之言《論語》者，一以何晏《集解》為宗。

梁皇侃採魏晉諸儒之說而為之義疏，亦涉清玄，而殆有甚焉！何晏輒會《老》《易》，而侃則采及佛氏，如解《先進》"未知生，焉知死"謂："外教無三世之義，周、孔之教唯說現在，不明過去、未來"，此用佛氏語釋經。蓋《佛經》為內典，故孔說為外教也。甚至謂原壤為方外聖人，孔子為方內聖人。然宋《國史志》稱："侃《疏》雖時有鄙近，然博極羣言，補諸書之未至，為後學所宗。"邢昺之疏，蓋因皇侃所採諸儒之說而加刊定者也。於侃《疏》之語有涉玄者，皆删棄之，有廓清之功矣；特是疏之為體，例不破注。亦有語涉何《解》而疏以玄言者，如《述而》"志於道"，晏《解》："道不可體，故志之而已"，昺《疏》曰："道者，虛通無擁自然之謂也"，又曰："寂然至無，則謂之道"，此語涉何《解》而疏以玄言者也。獨翦皇《疏》之枝蔓，而稍傅以義理，漢學、宋學，茲其轉關；蓋邢《疏》出而皇《疏》微矣！（皇《疏》在中國久佚，今所傳本乃清乾隆時由日本流入。）然竊以為不如朱熹《集注》之博學詳說、融會諸家而以反說約也。惟何晏《集解》，集漢魏諸儒之解而明其訓詁，而朱熹《集注》，則集宋儒諸家之注而籀其義理；言非一端，有並行而不悖者焉。獨是朱熹《集注》亦多採何晏《集解》，然不稱"某氏曰"者，多所刪改故也。獨《學而》"父在，觀其志"，《集解》："孔安國曰：'父在，子不得自專，'"朱《注》不刪改而不稱"孔"；《為政》："殷因於夏禮，所損益可知也；周因於殷禮，所損益可知也"，《集解》："馬融曰：'所因，謂三綱五常；所損益，謂文質三統'"，朱《注》引"馬氏"而不稱"融"。世儒讀朱《注》者，不讀《集解》，遂不知朱《注》所自出矣！唐玄宗《孝經注》多本於先儒，元行沖為疏一一著明之，曰："此某某義"；惜不得其人者而為朱《注》作疏也！（陳澧《東塾讀書記》卷二）

遜清一代，昌明漢學；諸家說《論語》者，彬彬乎可觀！而劉寶楠融貫漢、宋，以何晏《集解》為本，重造新疏，旁采子史，而折衷於清儒諸家之說，成《論語正義》二十四卷，斯尤自別於何氏之《集解》、朱熹之《集注》，而集清代《論語》諸家之大成，可謂"《五經》之館鏞，《六藝》之喉衿"也！"觀止矣！雖有它樂，吾不欲請矣！"

【論語之讀法】《論語》注家不一，而未看注之前，須將白文先自理會，得其意理，然後看注以驗得失；虛心涵泳，勿固我執，勿膠古人，擇其善者從之、其不善者改之。思有不得，則記以存疑；積久思之，必有豁然開悟之一日。如未理白文而遽看注，先入為主，縛於古人成見，或不得自脫矣！然蘇東坡教人讀書，每次作一意求。如欲求古人興亡治亂、聖賢作用，但作此意求之，勿生餘念；既訖，又別作一次求。事迹、故實、典章、文物之類亦如之，他皆倣此：雖迂鈍，而他日學成，八面受敵，與涉獵者不可同日語也！況《論語》彌綸羣言，誼非一端；宋儒程頤嘗以分類讀教學者。元朱公遷推廣其意，以成《四書通旨》六卷：取《四書》之文，條分縷析，以類相從，凡為九十八門；每門之中，又以語意相近者，聯綴列之而一一辨別異同，務使讀者因此證彼，渙然冰釋。略仿其意，為擬讀法。

第一，考其人物，當以孔子及弟子為主。孟子曰："誦其詩，讀其書，不知其人，可乎？是以論其世也。"知人論世，是讀書第一事，故先之以考其人物。可以《論語》所載孔子行事及門弟子、時人褒刺孔子之言，與《史記·孔子世家》比勘異同；其採入《世家》者若而事，其未採入《世家》者若而事。如有未採，是否司馬遷未見《論語》？是否司馬遷見《論語》而以其事無關大體？抑司馬遷見《論語》無此諸事而與今本有異？其故可深長思也。次又以孔子弟子之見姓名於《論語》者，檢《仲尼弟子列傳》對勘；其有傳者若而人，《傳》載其人行事與《論語》奚若？揆諸《論語》所載孔子之論評，是否符契？有遷《傳》其人甚善而《論語》有貶、有不善而《論語》褒者，其故又安在耶？

第二，析其義理。《論語》之有裨中國人生哲學，全體大用，具在於此！余讀阮元《揅經室文集》，有《論語論仁論》，專采《論語》之論仁者，薈列而觀其義通，此可為讀《論語》者法。近人沈同芳教人讀《論語》，當分類體玩以觀其異同；如問孝為一類，而答各不同，知其所以異，卽知其所以同。此外，問政、問仁、問及一切言行，皆當作如是觀（見《國文補習・經史答問》）；其法卽本之阮元也。昔余以沈氏之法，箸《論語正名篇》，首冠以“衛君待子為政”之章，而附以剖析名義諸論，凡十二目：曰《通論》，曰《論知》，曰《論仁》，曰《論恕》，曰《論孝》，曰《論剛》，曰《論直》，曰《論明》，曰《論達》，曰《論文》，曰《論狂狷》，曰《論政》（政者，正也）。然後知“名者，所以列同異、明是非，道義之門”（用《晉書・魯勝傳》“墨辨注・序”語），而“名不正則言不順”之說為不刊也。然余嘗有意籀荀子《正名》之篇，以正《論語》之名，而卒卒未暇為！未知孔子之所以論仁、論知者，果有當於荀子正名之法否耶？儻或竟其業，必有所以起予者矣！

第三，明其教學。孔子曰：“聖則吾不能！我，學不厭而教不倦也！”子貢曰：“學不厭，知也；教不倦，仁也。”嗚呼！此孔子之所以為萬世師表也！儻採孔子言教、言學及門弟子言孔子教、學之見《論語》者，與《禮記・學記》對勘，則知孔子所以言教、學之大經大法，亦非自我作古而有所本。而今日之教、學，所以不如孔子者，非無言教言學之人，而不厭不倦之誠有不如孔子者也！世有知言，當恍然於所以而知自省矣！

第四，覈其政論。“夫子至於是邦也，必聞其政”，而其所論列，則有託古寄慨者，有因時立論者，有為一時言者，有不僅為一時言者；同條牽屬，指事類情，必以勘列而有所獲，可斷言者！

此外，《論語》一書，有衡評古人者，有旁通諸子者，悉數不能盡；而文章之美，語言之工，足垂模楷於斯文，而樹立言之準則。“好學深思，心知其意”，是在善讀書者，謹誦馬、遷之言以卒吾篇。

《孟子》第三

《孟子》七篇，序《詩》《書》，述仲尼（《史記·孟子荀卿列傳》）。《論語》之言，無所不包，而其所以示人者，莫非操存涵養之要；《七篇》之指，無所不究，而其所以示人者，類多體驗擴充之功（朱熹《論孟精義·自序》）。揆敍民物，本之性善，所以佐明六藝之文義，崇宣先聖之指務；王制拂邪之隱括，立德立言之程式也！（趙岐《孟子篇敍》）練譔為篇，發其指意。

【解題及隸經始末】古之賢聖，有所造述，大都繫氏以子而為題目。如《漢書·藝文志》載：儒家有《晏子》《曾子》《孟子》，道家有《鬻子》《筦子》《莊子》《列子》，法家有《李子》《申子》《愼子》《韓子》之屬，是也。《孟子》者，蓋孟軻所作之書。孟，氏也；（焦循《孟子正義》曰："孟，氏也；如下云'出自孟孫'，則與魯同姓。後世姓、氏不分，氏亦通稱姓。"）子者，男子之通稱也。此書，孟子之所自作也，故總謂之《孟子》。《論語》是諸弟子記諸善言而成編集，故曰《論語》，而不號《孔子》；《孟子》是孟軻所自作之書，如《荀子》，故謂之《孟子》（何異孫《十一經問對》）。其書列於諸子，遭秦火得不焚滅（趙岐《孟子題辭》曰："孟子既沒之後，大道遂絀。逮至亡秦焚滅經術、坑戮儒生，孟子徒黨盡矣。其書號為諸子，故篇籍得不泯滅。"則是秦人焚書，不及諸子也。《論衡·書解篇》："秦雖無道，不燔諸子。"又，《正說篇》：

“秦用李斯之議，燔燒五經。”與趙岐說合)。《漢書·藝文志》《隋書·經籍志》《舊唐書·經籍志》咸入儒家。

唐文宗開成二年，國子學石刻《十二經》，亦有《論語》而無《孟子》。至宋仁宗嘉祐六年，刻《篆正二體石經》，中有《孟子》。《孟子》隸經，自此始！（按，阮元《孟子注疏校勘記·引據各本目錄》中，有杭州府學宋高宗御書《石經》殘本，不及嘉祐《石經》。錢大昕《十駕齋養新錄》中有宋高宗書《孟子》一條，亦不及嘉祐《石經》。葉昌熾《語石》中有《石經》一則，稱：“宋嘉祐《石經》，但有《易》《詩》《書》《周禮》《禮記》《春秋左氏傳》，合《孝經》為七。”然讀何紹基《東洲草堂詩集》中有《寄題丁儉卿新獲嘉祐〈二體石經册〉七言古》一詩，題下云：“丁儉卿舍人凡新得宋嘉祐《二體石經》三百七十餘紙，為《易》《書》《詩》《春秋》《禮記》《周易》《孟子》七經。《玉海》等書述汴《石經》，不言有《孟子》。表章亞聖，自此刻始。是足補史志之闕”。則是《孟子》之有石經，蓋斷自宋嘉祐始矣。）然歐陽修撰《唐書·藝文志》，仍以《孟子》入諸子儒家，一仍漢隋《書·志》之舊，而不之改也！厥後，高宗南渡，御書《石經》；繩其祖武，不遺《孟子》。而陳振孫《書錄解題》乃以《論》《孟》同入“經”類，其說曰：“自韓文公稱‘孔子傳之軻，軻死不得其傳”，天下學者咸曰‘孔孟’。孟子之書，固非荀、楊以降所可同日語也”。自是，《孟子》乃翹然別出於諸子，而與《論語》并崇為經焉！

【《孟子》之作者】說者不一：有以為孟子自作者，漢儒相傳之古說也；有以為弟子共記者，唐人後起然疑之說也。按，孟子自作之說，由來已久，司馬遷《史記·孟子荀卿列傳》稱：“孟軻遊事齊宣王，宣王不能用；適梁，梁惠王不果所言，則見以為迂遠而闊於事情；是以所如者不合！退而與萬章之徒，序《詩》《書》，述仲尼之後，❶ 作《孟子》七篇。”此先漢古說，明云“七篇為孟子自作”也。其後趙岐《孟子題辭》云：“孟子以儒道游於諸侯，莫能聽納其說，於是退而論集所與高弟❷弟子公孫丑、萬章之徒，難疑答問，又自撰其法度之言，著書七篇”，應劭《風俗通·窮通篇》云：“孟軻游於諸侯，所言皆以為迂遠而闊於事情；困殆甚，退與萬章之徒，序《詩》《書》、仲尼之意，作書中、外十一篇”；皆以為孟子所自撰，與《史記》同。至宋儒撰《孟子正義》，引唐林慎思《續孟子書》二卷，以為“《孟子》七篇，非軻自著，乃弟子共記其言”。韓愈《答張籍書》亦云：“孟軻之書，非軻自著；軻既沒，其徒萬章、公孫丑相與記軻所言焉。”自是唐人乃有以為“弟子共記”，而不出孟子之自撰者矣！然余讀林慎思《續孟子·序》稱：“《孟子》書，先自其徒記言而著”，其說亦與趙岐之稱“論集所與高弟弟子難疑答問”者無殊指：蓋弟子先撰記所聞，而孟子因論集其書也。《朱子語類》曰：“《論語》多門弟子所集，故言語時有長短不類處。《孟子》疑自著之書，故首尾文字一體，無些子瑕疵；不是自下手，安得如此！”然《孟子集註·序說》，引《史記·列傳》以為“《孟子》之書，孟子自作”、“韓子曰：‘軻之書非自著’”，謂：“《史記》近是”。而《滕文公》首章“道性善”注，則曰：“門人不能盡❸記其詞”。又，第四章“決汝漢”注曰“記者之誤”。又若以為弟子記，與韓愈如出一吻者。弟子以問，朱子答曰：“前說是，後兩處失之！熟讀《七篇》，觀其筆勢，如鎔鑄而成，非綴緝所

---

❶ 今本《史記》作“意”，見中華书局 1982 年版，第 2343 頁。——編者註
❷ 今本作“第”，見《十三經注疏》，中华书局 1980 年版，第 2662 頁。——編者註
❸ 今本作“悉”，見《四书章句集注》，中华书局 1983 年版，第 251 頁。——編者註

就也”（王應麟《困學紀聞》）！閻若璩《孟子生卒年月考》曰：“《七篇》為孟子自作，韓昌黎故亂自說；然莫妙於朱子曰：‘觀《七篇》筆勢，如鎔鑄而成，非綴緝可說’。余亦有一證，《論語》成於門人之手，故記聖人容貌甚悉；《七篇》成於已手，故但記言語或出處耳！”此其駁韓愈之說是矣！

顧余讀晁公武《郡齋讀書志》曰：“孟子所見諸侯皆稱謚，如齊宣王、梁惠王、襄王、滕定公、文公、魯平公是也。夫死，然後有謚。軻無恙時，所見諸侯，不應皆前死！且惠王元年至魯平公之卒，凡七十七年。軻始見惠王，目之曰‘叟’，必已老矣，決不見平公之卒也！後人追為之，明矣。”而若璩則從而為之解曰：“卒後，書為門人所敍定，故諸侯王皆加謚焉”，則有當分別論者。何以言之？蓋書中有王而加謚者曰梁惠王、梁襄王、齊宣王，先孟子而卒者也；有王而不謚者，事皆繫齊，疑曰“湣王”，後孟子而亡者也。至滕亡於孟子未卒之前，則孟子及見文公之死而稱其謚，亦無足怪！獨魯平公卒於孟子之後，鄒穆公無考；儻穆公之卒，亦如魯平之在孟子後？吾意孟子所記，必俱如湣王之公而不謚；厥後門人淆誤是懼，乃援滕文公之例，就其可知者，一體加謚以為識別焉耳？（考證詳後）然則以時君之皆舉謚，而證《孟子》之非自作者，固未為知言也！或者謂：“書中於孟子門人多以子稱之，樂正子、公都子、屋廬子、徐子、陳子皆然，不稱子者無幾。果孟子所自著，恐未必自稱其門人皆曰子。”此又不然！按，《魯平公將出》章“樂正子入見”，趙岐注：“樂正，姓；子，通稱。孟子弟子也”（《梁惠王下》）。然則“子”者，自如趙岐所云；“男子之通稱”，不必弟子之於師。公孫丑問曰：“夫子當路於齊。”孟子曰：“子誠齊人也。”此則孟子自稱其門人曰“子”之證一矣！孟子去齊，有欲為王留行者。

客自稱曰"弟子"，而應之曰："我明語子"。此則孟子自稱其門人曰"子"之證二矣！如此之類，難以悉數，何得以此證孟子之非自作哉！

【《史記》之孟子】按，《史記·孔子世家》敘生卒出處最悉，而《孟子列傳》，闕焉勿詳！就其可考者言之：《六國表·魏惠王三十五年》大書曰："孟子來，王問'利國'？對曰：'君不可言利'"。（《梁惠王上》"孟子見梁惠王，王曰：'叟'"章）此與《十二諸侯年表·魯定公十年》大書"孔子相"，皆特筆，史公所矜重者！其見於《魏世家》者，曰："三十五年，惠王數敗❶於軍旅，卑禮厚幣以招賢者。鄒衍、淳于髡、孟軻皆至梁。梁惠王曰：'寡人不佞，兵三折於外，太子虜，上將死，國以空虛，以羞先君宗廟社稷；寡人甚醜之！叟不遠千里，辱幸至敝邑之廷，將何以利吾國？'孟軻曰：'君不可以言利若是！夫君欲利則大夫欲利，大夫欲利則庶人欲利；上下爭利，國則危矣！為人君，仁義而已矣，何以利為！'"年、事與《六國表》同。是年，齊宣王七年，周顯王三十三年。太史公因《秦記》，采《世本》《戰國策》，著所聞為表，其年系當無大誤。既一年，惠王卒，子襄王立（《梁惠王上》"孟子見梁襄王"）；《表》亦與《世家》同。又十一年，而齊宣王卒，子湣王立。湣王立之六年，宋君偃為王（《滕文公下》"萬章問曰：'宋，小國也，今將行王政'"章）。是年，魏襄王卒，子哀王立。又二年，而燕王噲讓國於子之。又二年，當周赧王元年，魯平公始立，而噲及子之皆亂死。《燕世家》云："子之南面行王事，而噲老不聽政，顧為臣，國事皆決於子之。三年，國大亂，百姓恫恐。將軍市

❶ 今本作"被"，見《史記》第1847頁。——編者註

被與太子平謀，將攻子之。諸將謂齊湣王曰：‘因而赴之，破燕必矣！’齊王因令人謂燕太子。太子因要黨聚衆，將軍市被圍公宫，攻子之，不克。將軍市被及百姓反攻太子平，將軍市被死，以徇。因搆難數月，死者數萬，衆人恫恐，百姓離志。孟軻謂齊王曰：‘今伐燕，此文、武之時，不可失也！’王因令章子將五都之兵，以因北地之衆以伐燕。燕[1]士卒不戰，城門不閉，燕君噲死，齊大勝。燕子之亡。”（《梁惠王下》“齊人伐燕”兩章，《公孫丑下》“沈同以其私問曰”章、“燕人畔”章）年、事與《六國表》同。又二年，為楚懷王十七年，秦敗楚將屈丐；而《楚世家》：懷王十六年，“絕和於秦，發兵西攻秦。秦亦發兵擊之”。厥為秦楚搆兵之始（《告子下》“宋牼將之楚”章）。此諸國事皆與孟子相涉者。自魏惠王三十五年，至是，凡二十四年。當孟子初至梁，梁惠王謂之曰“叟”，度其年當長於惠王。惠王以魏文侯二十五年生，生三十而卽位；卽位三十五年，年六十五矣！孟子又長於惠王，其遊梁殆且七十也（桐城吳汝綸《孟子考證》）！《史記·孟子列傳》稱：“遊事齊宣王，宣王不能用；適梁，梁惠王不果所言”；則是適梁在遊齊之後，而《孟子》書先梁後齊者，此蓋篇章之次，而非遊歷之次也。趙岐注：“孟子冀得行道，故仕于齊；不用而去，乃適於梁。建篇先梁，欲以仁義為首篇；因言魏事，章次相從，然後道齊也。”（見《梁惠王上》“齊宣王問曰：‘齊桓、晉文之事’”章）其言可謂明且核矣！然《史記》“梁惠王不果所言”之後，別無下文，而蘇轍《古史列傳》則曰：“先事齊宣王，後見梁惠、襄，又事齊湣”。則是孟子見梁惠王之前，先遊齊，見宣王；而孟子見梁襄王之後，復去齊仕湣王。

[1] 今本無此字，見《史記》第 1557 頁。——編者註

茲以《史記》載伐燕一事，與《孟子》互證之，其言可信。蓋伐燕事，在湣王十年也。《荀子·王霸篇》謂：齊閔“北足敗燕”，❶其以敗燕屬齊閔，與《史記》合。“燕人畔。王曰：‘吾甚慚於孟子！’”（《公孫丑下》）王不稱謚，蓋謂湣王。湣王走，死，在伐燕之後三十年，非孟子所及見。蓋孟子及見齊宣王、梁惠王、襄王之卒，故併稱謚，而不及湣王之死，故但稱王，可斷言也。然則《梁惠王下》“齊人伐燕”兩章之稱“宣王問曰”“宣王曰”，蓋承前十章之“齊宣王問曰”“孟子謂齊宣王曰”而誤衍一“宣”字（《朱子語類》謂：“湣王後來不好；門人為孟子諱，改為‘宣王’”。其言迂曲不可信）耳！“孟子為卿于齊，出弔于滕。王使蓋大夫王驩為輔行”，“孟子致為臣而歸。王就見孟子”（《公孫丑下》）；凡不繫謚者，皆謂湣王。據《史記·六國表》及《田敬仲完世家》，湣王六年，宋自立為王；十年，伐燕；三十八年，滅宋。而《戰國策·宋策》載：“宋康王之時，有雀生䲔。史占曰：‘小而生巨，必霸天下。’康王大喜。於是滅滕，伐薛，取淮北之地，乃愈自信！”是滕最早為宋所滅，當在“宋自立為王”之初。而滕文公問“事齊”“事楚”，問“齊人築薛”，❷尚不以宋為患，則又遠在“宋自立為王”之前；意者，當在孟子游齊適梁之前耶？然則孟子及見滕文公之卒而稱其謚，殆可斷言！然滕於《六國表》無考。而《六國表》載魯平公元年，則當齊湣王十年伐燕之歲、而“孟子見梁惠王”之後二十二年也。明年，秦楚始搆兵。計其時，孟子年當九十餘矣。而遇宋牼于石丘，折之曰“秦楚何說以利”（《告子下》“宋牼之楚”

❶ “足敗”中脫一“以”字，見《荀子集解》，中华书局 1988 年版，第 206 页。——編者註

❷ 事見《梁惠王下》。——編者註

章)；慨魯侯之不遇，解之曰“行止非人所能”；浩然之氣，老當益壯！

其前後略可考信於《史記》者，如此。惟司馬溫公作《通鑑》，乃舍《史記》不之信，而從《竹書紀年》；以魏襄王在位之十六年，歸之惠王為後改元，若曰：“《紀年·魏史》出汲冢，所書魏事，必得其眞，故從焉”。其後，閻若璩作《孟子生卒年月考》以折其說曰：“不然！《紀年》云：‘惠成王九年四月甲寅，徙都大梁’；不知是年秦孝公甫立，衛公孫鞅未相，魏公子卬未虜。地不割，秦不逼，魏何遽徙都以避之耶？卽一徙都如此，尚謂其生卒年月盡足信耶！此余之所以信《史記》、以信《孟子》也”。温公舍《史記》而信《紀年》，傎矣！至紀齊年，則又并無依據；奪“湣”益“威”、以“伐燕”歸之“宣”，以求合於《孟子》。於是齊梁二國，年系幷失，而孟子事始末，無徵不信，未由考見矣！余故採桐城吳氏之說，本史遷傳信之記，疏通證明，折衷諸家，論世者儻有取焉！

【《孟子》之本子】考《孟子》書之最古者，當推西漢河間獻王本，《漢書·景十三王傳》稱河間獻王“修學好古”“所得書皆古文先秦舊籍，[1]《周官》《尚書》《禮》《禮記》《孟子》《老子》之屬”是也。然則《孟子》初本為古文矣，惟未著篇數。《漢書·藝文志·諸子略》“儒家”：《孟子》十一篇；應劭《風俗通·窮通篇》云：“作書中外十一篇”。是為十一篇本，惟中外篇目不詳。趙岐《孟子篇敍》曰：“《孟子》七篇，所以相次敍之意：孟子以為聖王之盛，惟有堯舜，堯舜之道，仁義為上，故梁惠王問利國，對以仁義為首篇也；仁義根心，然後可以大行其政，故次之以公孫丑問管

[1] 今本作“書”，見中華书局 1962 年版，第 2410 頁。——編者註

晏之政，答以曾西之羞也；政莫美於反古之道，滕文公樂反古，故次以文公為世子，始有從善思禮之心也；奉禮之謂明，明莫甚於離婁，故次之以離婁之明也；明者當明其所行，行莫大於孝，故次以萬章問舜往於田號泣也；孝道之本，在於情性，故次以告子論情性也；情性在內而立於心，故次以盡心也。盡己之心與天道通，道之極者也，是以終於《盡心》也。"至《題辭》稱："七篇，二百六十一章，三萬四千六百八十五字"，"又有外書四篇：《性善》《辨文》《說孝經》《為政》。其文不能宏深，不與內篇相似，似非孟子本眞，後世依放而記也"。[1] 然後知世所傳《梁惠王》《公孫丑》《滕文公》《離婁》《萬章》《告子》《盡心》七篇為中，或曰內，餘《性善》《辨文》《說孝經》《為政》四篇為外也。惟趙岐刪其外篇，存其內篇，著《孟子章句》，是為七篇本。自後傳《孟子》者，壹以趙岐《章句》七篇為本，而外書以久廢閣致亡！

其佚文稱引見於漢以前書者：《荀子·大略篇》曰："孟子三見宣王而不言事。門人曰：'曷為三遇齊王而不言事？'孟子曰：'我先攻其邪心'"。《韓詩外傳》曰："高子問於孟子曰：'夫嫁娶者，非己所自親也；衛女何以得編於《詩》也？'孟子曰：'有衛女之志則可，無衛女之志則怠；若伊尹於太甲，有伊尹之志則可，無伊尹之志則篡！夫道二：常謂之經，變為之權；懷其常道而挾其變權，乃得為賢！夫衛女，行中孝、慮中聖，權如之何！'"又曰："孟子說齊宣王而不說。淳于髡侍，孟子曰：'今日說公之君，公之君不說，意者其未知善之為善乎？'淳于髡曰：'夫子亦誠無善耳！昔者，瓠巴鼓瑟而潛魚出聽，伯牙鼓琴而六馬仰秣；魚、馬猶知善之為善，

[1] 按，"為政"之"政"，今本作"正"，見《十三經注疏》，第2663頁。又，"依放而記"之"記"，今本作"託之者"，同上。又，"宏深"作"弘深"，同上。——編者註

而況君人者也！’孟子曰：‘夫雹雷之起也，破竹折木，震驚天下，而不能使聾者卒有聞；日月之明，徧照天下，而不能使盲者卒有見。今公之君，若此也！’淳于髡曰：‘不然！昔者揖封生高商，齊人好歌；杞梁之妻悲哭，而人稱詠。夫聲無細而不聞，行無隱而不形；夫子苟賢，居魯而魯國之削，何也？’孟子曰：‘不用賢，削何有也！吞舟之魚，不居潛澤；度量之士，不居汙世。夫藝，冬至必彫，吾亦時矣！’”董仲舒《春秋繁露·深察名號篇》曰：“‘性有善端，動之愛父母；善於禽獸，則謂之善’，此孟子之言。”《史記·淮南王安傳》伍被對淮南王安引孟子曰：“紂貴為天子，死曾不若匹夫！”劉向《說苑》曰：“孟子曰：‘人皆以食愈飢，莫知以學愈愚！’”又曰：“孟子曰：‘人知糞其田，莫知糞其心！糞田莫過利苗得粟，糞心易行而得其所欲。何謂糞心？博學多聞。何謂易行？一性止淫也。’”楊子《法言·修身篇》曰：“孟子曰：‘夫有意而不至者，有之矣；未有無意而至者也！’”桓寬《鹽鐵論》引孟子曰：“吾於《河廣》知德之至也！”又引孟子曰：“堯舜之道，非遠人也，而人不思之耳！”應劭《風俗通·正失篇》引孟子曰：“堯舜不勝其美！桀紂不勝其惡！”梁武帝《答臣下神滅論》引孟子曰：“人之所知，不如人之所不知，信矣！”蕭子良《與孔中丞書》引孟子曰：“君王無好智，君王無好勇；勇、智之過，生平禍患所遵。正當仁義為本！”今七篇書皆無其文，豈所謂“外書”者耶？然趙岐疑其“依放而記”，不為章句，則亦卑之無甚高論。

惟漢儒註經，多明訓詁名物，而趙岐之注《孟子》，獨箋釋文句；乃似後世之口義，與漢學稍殊。然孔安國、馬融、鄭玄之注《論語》、今載於何晏《集解》者，體亦如是。蓋《易》《書》文皆最古，非通其訓詁，則不明；《詩》《禮》語皆徵實，非明其名物，亦不解。《論語》《孟子》，詞旨顯明，惟闡其義理而止，所謂“言各有當”也（《四庫提要·孟子正義》）！則亦不必為趙岐病矣！惟趙岐注《孟子》，每章之末，括其大指，間作韻語，謂之《章指》；《題辭》所謂“章別其指”、《文選注》所引“趙岐《孟子章指》”是也。

南宋後，《正義》出，盡刪《章指》正文，仍剽掠其語散入《正義》。明國子監刊《十三經》，承用此本，后世遂不復見趙岐元本矣！考《崇文總目》載“陸善經注《孟子》七卷”稱：“善經刪去趙岐《章指》，與其注之緐重者復為七篇。”（見《文獻通考》）是刪去《章指》始於善經，《正義》蓋用善經本也（錢大昕《十駕齋養新錄》卷三）。雖題“宋，孫奭撰”字樣，而朱熹《語類》則謂：“邵武士人假託，蔡季通識其人。卷首載《孫奭序》一篇，全錄《音義序》，僅添三四語耳！其淺妄不學如此。”先是，孫奭於宋眞宗大中祥符間，奉敕校定趙岐註；因刊正唐張鎰《孟子音義》及丁公著《孟子手音》二書，兼引陸善經《孟子註》，成《孟子音義》二卷，就經文及注為之音釋。書中所釋，稱“一遵《趙注》”，然亦時就章句有所證明、存其異同，與陸德明《經典釋文》略相似；蓋以補陸氏之闕（陸德明《經典釋文》於羣經皆有音義，獨闕《孟子》），而匪以為正義。至《正義》，則憑肊立說，不惟背經背注，且與《音義》亦時覩攸違。豈有出奭一人之作而忽彼忽此者？以故不為士林所重。朱熹融會諸家之說，撰《孟子集注》七卷，於義理時有發明，而訓詁章指則採《趙注》為多。其可考見者：書中人名，惟盆成括、告子不從《趙注》“學於孟子”之說，季孫、子叔疑不從“二弟子”之說，餘皆從之；書中字義，惟“折枝”訓“按摩”之類不取《趙註》，餘亦多取之。蓋《趙注》雖不及後來之精密，而開闢荒蕪，俾後來者得循途而深造，其功要不可泯也。

清儒治經，邁冠往古！阮元仿宋板《十三經》重刻於豫章，而

《孟子》之趙氏《章指》，遂復繫於章末之舊。焦循因之，撰《孟子正義》十四卷，薈萃清儒顧炎武以下六十餘家之說；疏明《趙註》，儻趙氏之說，或有然疑，不惜駁破以衷一是；至諸家，或申趙義，或與趙殊，或專翼《孟》，或雜它經，兼存備錄，以俟參考；可謂孟子之忠臣，《趙注》之諍友矣！然《孟子》今本，有卒不能復趙岐之舊者！趙岐《題辭》謂“七篇，二百六十一章，三萬四千六百八十五字。”今按孫奭《音義》，標《梁惠王上》七章、《下》十六章，《公孫丑上》九章、《下》十四章，《滕文公上》五章、《下》十章，《離婁上》二十八章、《下》三十二章，《萬章上》九章、《下》七章，《告子上》二十章、《下》十六章，《盡心上》四十七章、《下》三十九章，共為二百五十九章。而以《章指》計之，《盡心》下篇止得三十八章，則共為二百五十八章，較《題辭》所云少三章。又，《梁惠王》共五千二百六十四字，《公孫丑》共五千一百四十二字，《滕文公》共四千九百八十字，《離婁》共四千七百八十九字，《萬章》共五千一百五十四字，《告子》共五千二百二十三字，《盡心》共四千六百七十四字；七篇共三萬五千二百二十六字，較《題辭》所云多五百四十一字。則是今本《孟子》之字多而章少，有不同於趙岐者也！然舊書古簡，脫漏居多，唐宋後之本，應減於漢，否亦不能加多。今茲賸字，得毋有後人所羼入者乎？

【《孟子》之讀法】讀法一如《論語》，每次作一意求之，虛心涵泳，切己體察；久而久之，必自有會。姑以鄙意，擬為讀法：

第一，明其立言。孟子曰：“我知言”；然則讀孟子之書，何可不知孟子之言？《孟子》一書，游文六藝之中，留意《詩》《書》之際，敦教化，明人倫，此與《論語》同者也。然而有不同者：《論語》氣平，《孟子》氣激；《論語》辭約而意盡，《孟子》氣盛而言宜；《論語》之發語用“噫”，《孟子》之發語用“惡”；《論語》正言莊論、多法語之言，《孟子》比物託興、憙巽與之辭；《論語》短章多、長章少，惟“子路、曾晳、冉有、公西華四子侍坐言志”“季氏將伐顓臾”兩章最長，《孟子》長章多、短章少，惟“人有不為也，而後可以有為”前後數章最短；此修辭之不同也。《論語》衹言“性”，而《孟子》直道“性善”；《論語》衹言“仁”，而《孟子》兼明“仁”“義”；《論語》衹言“志”，而《孟子》深論“養氣”；此樹義之不同也。孔子之稱弟子以名，孟子之稱弟子曰“子”；孔子弟子自稱名，孟子弟子如萬章、咸丘蒙，有自稱“吾”者；孔子弟子稱孔子曰“子”，孟子弟子稱孟子曰“夫子”；孔子弟子問仁者七、問孝者三、問政者六，而孟子弟子所問皆不及此；此酬對之不同也。至衡政持論，詳於法制，體國經野，具有規模，則與《論語》又有不同者。蓋《論語》之論政也，祖述堯舜，憲章文武，尚王而未言制，而《孟子》則明王道、而言制之所宜。治地莫善於助，仁政必始經界，班爵制祿，敷言秩如，蓋《論語》二十篇之所未有！徒以井田、封建，所言殊於《周禮》，知於古未必有徵，特《孟子》託古改制之烏託邦爾！

第二，籀其性理。孟子道“性善”，世人之所知也；而孟子之所以道“性善”者，則或世人之所未知。其一，孟子道“性善”之方法。孟子道“性善”之方法有二：一以“故”言性。孟子曰：“天下之言性也，則故而已矣！”（《離婁下》）朱熹注：“性者，人、物所得以生之理也；故者，其已然之迹，若所謂‘天下之故’者也。言事物之理，雖若無形而難知，然其發見之已然，則必有迹而易見，故天下之言性者，但言其故而理自明，猶所謂‘善言天者必有驗於人’也。”此孟子以“故”言性之說也。（此其說可以法蘭西學者古悍［Coucin；一七九二——一八六七］之論心理學明之。古氏以為：“哲學必自事實始。此事實乃供給哲學以入思辨之境涯、之機會者也。心理學不過為入形而上學之橋梁，形而上學乃最優之科學也，科學之科學也。科學之對象為實體乃至不變化、永久之實在也。而其研究之方法，則依觀察；而觀察之工夫，則不能有何等之科學。故可謂吾人乃觀察精神之事實而窮究其所，以蘄到達絕對之原理。心理學之方法，乃充此職役者也。易言以明之，即以後天之方法得認先天之原理者也。”語見北京大學出版《西洋倫理學史》）“孺子入井”（《公孫丑上》“人皆有不忍人之心”章），“敬兄、敬鄉人”（《告子上》“孟季子問公都子曰”章），皆孟子之所謂“故”也。二以“情”證性。孟子好以“惻隱”“羞惡”“辭讓”“是非”四端言“性”，皆“情”也：“情”之為言，“性之感”也。《荀子·正名篇》曰：“生之所以然者謂之性，性之好、惡、喜、怒、哀、樂，謂之情。”《論衡·初稟篇》曰：“情，接於物而然者也。”蓋“生之謂性”，而“情”則“性之發”；“性”不可見，而“情”可見，故以“情”證性也。此孟子道“性善”之方法也。

其二，孟子道“性善”之界說。孟子道“性善”，祇限於人，而物非所論。其《告子》“杞柳、桮棬”一章，論人性之不同於植物；“生之謂性”一章，論人性之不同於動物；“性猶湍水”一章，論人性之不同於無生物。故嘗見意於“人之所以異於禽獸”一章曰：“明於庶物，察於人倫。”蓋人之性善，而物之性不必皆善；人之性可率，而物之性不必可率。此孟子之所為“明”、所謂“察”，不可不察也。其他曰“存心”，所以繼性之善也；《易·繫辭傳》曰：“繼之者善也，存之者性也。”而孟子則曰：“君子之所以異於人者，以其存心也。君子以仁存心，以禮存心”。（《離婁下》）“苟得其養，無物不長；苟失其養，無物不消。孔子曰：‘操則存，舍則亡；出入無時，莫知其鄉’，惟心之謂歟?”（《告子下》）❶ 曰“養氣”，所以涵情之發也。雖然，孟子之所謂“氣”者，何也？曰“情之衝動”是也（《公孫丑上》：“氣，體之充也。”趙岐注：“氣，所以充滿形體為喜怒也”）。“情”之為言，“性之感”也。德之哲家康德曰：“世界無制限純粹之善，惟具‘善意志’而已。何謂‘善意志?’曰：‘為理性之故而從理性之意志，是已；為義務之故而行義務之意志，是已。此乃不為感情所驅使，而率由理性之命令、之意志也，非可由感情欲望而決定者也。儻以悲憫之情，而為施予之慈，是則情感之驅迫而然，不得為道德之行為也；必絕情祛欲而後可以言道德。’”則是謂情感與理性不相容也。夫人之激發於情感，并心一決，固有莫之為而為、沛然莫之能禦者，故曰“其為氣也，至大至剛。”使不“配義與道”，人欲之橫流，厥禍有酷於洪水！雖然，孟子不云乎：“以直養而無害，則塞乎天地之間”！則是理性可以養感性也。又曰：“其為氣也，配義與道；無是，餒也。”則是感性可以配理性也（《公孫丑上》“夫子加齊之卿相”章）；是理性與情感非不相容也。孟子曰：“乃若其情，則可以為善矣，乃所謂善也。”情之善，徵於情之發。而康德則以情為不善，非絕情祛欲，不足以言道德。清儒戴震有言曰：“後儒不知情之至於纖悉無憾是謂理；”（《戴東原集·與某書》）其康德之謂乎！戴震又曰：“君子之治天下也，使人人各得其情，各遂其欲，而天下治。君子之自治也，情與欲，使一於道義。”（《孟子字義疏證》）孟子“集義”之功，“情與欲，使一於道義”而已。要之，“浩然之氣”之為“至大至剛”，此盡人之所同，而“配義與道”之“以直養”，則孟子之所獨矣！余故特表而出之。

❶ 按，“苟得”十句，為《告子上》語，作者恐誤記。——編者註

第三，考其辨諸子。孟子好辨，而辨諸子之見孟子書者：有為神農之言者許行（《滕文公上》），有墨者夷之（《滕文公上》）、宋牼（《告子下》。按，《莊子・天下篇》云："墨子真天下之好。宋鈃、尹文子聞其風而悅之，作為華山之冠以自表。見侮不辱，救民之鬬，禁攻寢兵，救世之戰。以此周行天下，上說下教，雖天下不取，強聒而不舍者也"），有為縱橫之術者景春（《滕文公下》，趙岐注："景春，孟子時人，為縱橫之術者"），有《史記・滑稽列傳》之淳于髡曰（《離婁上》、《告子下》），有《史記・貨殖列傳》之白圭曰（《告子下》）；乘間抵巇，辭氣鏗訇，此其指名者也！

其不指名者，陳澧《東塾讀書記》曰：孟子"距楊、墨"（《滕文公下》）。楊朱，老子弟子；距楊朱，卽距道家矣！"善戰者服上刑，連諸侯者次之，辟草萊、任土地者次之"，（《離婁上》）朱注以為"孫臏、吳起、蘇秦、張儀、李悝、商鞅之類"，則兵家、縱橫家、農家，皆距之矣！"省刑罰"，（《梁惠王上》）可以距法家；"生之謂性也，猶白之謂白歟"，（《告子上》）可以距名家；"天時不如地利"，（《公孫丑下》）可以距陰陽家；"夫道一而已矣"，可以距雜家；"齊東野人之語，非君子之言"（《萬章上》），可以距小說家。而距兵家為甚！其可考見者，如《公孫丑上》"天時不如地利"章，《離婁上》"求也為季氏宰"章，《告子上》"魯欲使慎子為將軍"章，《盡心下》"不仁哉，梁惠王"章、"春秋無義戰"章、"盡信書不如無書"、"有人曰：'我善為陣'"章，皆距兵家言也。一縱一橫，論者莫當，此亦《論語》之所罕見！蓋孔子以攻異端為害，而孟子以闢異端自任；此孟子之所為不同於孔子。而楊、墨者，尤孟子之所力距，然孟子之言仁義，蓋卽兼權楊、墨之說。何者？"義"从"我羊"，誼取"善我"，非卽"楊氏為我"之指乎；"仁"从"人二"，訓為"人偶"，非卽"墨子兼愛"之義乎？蓋孟子之所為

“距楊、墨”者，惡其“執一”也；“所惡執一者，為其賊道也，舉一而廢百也”（《盡心上》）。然則自孟子之言推之：徒“仁”而不制“義”，則舍己而以狥人，人情之所難能也；（按，《莊子·天下篇》曰：墨子“其生也勤，其死也薄，其道大觳；使人憂，使人悲，其行難為也，恐其不可以為聖人之道。反天下之心，天下不堪，墨子雖獨能任，奈天下何:”）徒“義”而不體“仁”，則背羣而私利己，人道或幾乎息矣。徒“義”而不體“仁”者，楊氏之“為我”也；徒“仁”而不制“義”者，墨子之“兼愛”也！為蔽不同，“執一”則鈞；孟子“執中”，故交譏焉。特是孟子言仁、義，而距楊、墨者，謂其“充塞仁義”也。然老莊絕仁棄義，而孟子不置一辭者，何哉？於戲！孟子不云乎：“仁也者，人也。合而言之，道也。”（《盡心下》）朱熹《集注》：“外國本‘人也’之下，有‘義也者，宜也；禮也者，履也；智也者，知也；信也者，實也’，凡二十字。今按如此，則理極分明。”而王弼《老子注》曰：“仁義禮知不能獨用，必資道以用之”，與孟子如出一吻。蓋道德者，仁義禮之大全；而仁義者，道之一端。老莊之學，抱一而體玄，故以道為本；孔孟之教，明體而達用，故以仁義為言。而要其歸曰：“志於道”。此孔子之所以竊比老、彭，而孟子之於老莊所為存而不論也歟？

上論三事，❶聊當舉隅，雖指要或有未盡，而宏綱亦庶無遺；引端竟委，俟諸異日！

---

❶ “上”原為“右”。——編者註

《中庸》第四

《中庸》之書，所以開大原，立大本（王柏古《中庸》跋）；蓋聖學之淵源，入德之大方也（楊時《中庸解序》）！卒為是篇，以原聖學。

【解題及隸四書始末】《中庸》，本《禮記》四十九篇之第三十一；然單篇別出，由來已久。《漢書·藝文志》有《中庸說》二篇。《隋書·經籍志》有宋散騎常侍戴顒《禮記中庸傳》二卷，梁武帝《中庸講疏》一卷，《私記制旨中庸義》五卷。宋仁宗書《中庸》賜王堯臣。張載以無所不學，當康定用兵時，上書謁范仲淹言兵事，仲淹曰："名教中自有樂地"，因勸讀《中庸》。則表章不始二程。朱熹得二程之學，乃以配《大學》併《論語》《孟子》，稱為《四書》，語詳《大學》篇。而謂之"中庸"者，誼訓不一。鄭玄《目錄》云："名曰'中庸'者，以其記中和之為用也；庸，用也。"（《禮記正義》引）此一說也。程頤曰："不偏之謂中，不易之謂庸。中者天下之正道，庸者天下之定理。"（楊時《中庸解》自序）此又一說也。頤為《中庸》作解，自以不滿其意而焚藁焉；遂以屬門人郭忠孝。忠孝《中庸說》謂："中為人道之大，以之用於天下國家。"又云："極天下至正謂之中，通天下至變謂之庸。"（朱彝尊《經義考》引黎立武說）蓋"中"之訓，本諸師說；而"庸"之誼，兼采鄭玄，折衷二家之間。此又一說也。朱熹曰："中者，不偏不倚，無過不及之名。庸，平常也。”（《中庸章句》）此又一說也。其中程頤之解，宋學所宗；雖異鄭玄，而古訓是式，於誼為長，朱熹本之而加精密。“不偏不倚，無過不及”，所以為“天下之正道”；（《書·洪範》疏：“凡行不迂僻則謂之中。”《儀禮·聘禮》“每門每曲揖”注：“門中，門之正也。”《論語·子張》“允執厥中”，❶ 皇疏：“中，謂中正之道也。”孟子《離婁下》章指：“履其正者，乃可為中”。《後漢書·陳寵傳》注：“中，正也”。則是“中”，古訓“正”也）平平常常，無易攸常，所以為“天下之定理”。《爾雅·釋詁》：“庸，常也。”（《易·文言》傳“庸言”“庸行”九家注、《孟子·告子上》“庸敬在兄”注、《荀子·不苟篇》“庸言必信之，庸行必慎之”注，皆曰：“庸，常也”。《周禮·大司樂》“中、和、祇、庸、孝、友”注：“庸，有常也。”《莊子·德充符》“其與庸亦遠矣”釋文：“庸，常人也。”則是“庸”，古訓“常”也）韓非《解老》曰：“物之一存一亡，乍死乍生，初盛而後衰者，不可謂常；唯夫與天地之剖判也俱生，至天地之消散也不死不衰者，謂常，而常者無攸易”，故曰“不易之謂庸”。然則“中庸”者，至正而不可踰，尋常而無攸易。至正而不可踰，故不違道以干譽；尋常而無攸易，寧用譁衆以取寵？學者所以進德之要，本末俱備矣！

【《中庸》之作者】按《史記·孔子世家》曰：“子思作《中庸》。”鄭玄《目錄》云：“孔子之孫子思伋作之，以昭明聖祖之德。”（《禮記正義》引）《孔叢子》云出依託，然見《隋書·經籍志》著錄，多存漢魏舊說，亦稱《中庸》為子思所撰。則“子思作《中庸》”，乃漢以前相傳舊說；疑可信也。惟孔鮒謂：“子思年十

---

❶ “允執厥中”，今本作“允執其中”，不見于《子張》而見于《尧曰》，見《十三經註疏》，第 2535 頁。——編者註

六作《中庸》”。而宋翔鳳《過庭錄》乃據《孔子世家》以辨之，曰：“《孔子世家》云：“‘伯魚年五十，先孔子死。伯魚生伋，字子思，年六十二，嘗困於宋，作《中庸》。’鄭康成說：‘顏淵死，伯魚尚未葬’，則亦卒於魯哀十三年。蓋遺腹生子思，在十四年，年甚幼，不及事孔子；故孔子之喪，皆門人所治，以子思在繈葆也。知子思年六十二，當威烈王六年，是年困於宋，作《中庸》。《中庸》為繼聖明道之書，故以年著之，與上文敍孔子大事，必著年若干同例。六十二，非卒年也。子思卒年不書，史失之。又十三年，當威烈王十九年，為魯繆公元年，子思年七十五，穆公亟見子思，尊禮之。果子思年六十二，安得至穆公時？孟子之言，反為失實矣”。其言甚辯以覈！然宋氏引孟子以證史公紀年之或有誤則可，而遷就依違則不可！今按《世家》上下文讀之，曰“伯魚年五十，先孔子死”、曰“子思生白字子上，年四十七”、曰“子上生求，字子家，年四十五”，則“年六十二”者，史公自敍子思卒年，非作《中庸》之年也。至謂《中庸》為子思困於宋而作，亦採《孔叢》而非史公之意。史公書曰：“嘗困於宋，子思作《中庸》”，特提子思，玩語氣別是一事，非如《過庭錄》所引“嘗困於宋，作《中庸》”，脫去“子思”二字。獨《孔叢》敍：“子思年十六，適宋，宋大夫樂朔與之言學焉。朔曰：‘《尚書》《虞》《夏》《數》四篇，善！下此以訖《秦》《費》，效《堯》《舜》之言耳，殊不如也！’子思答曰：‘事變有極，正自當耳！假令周公、堯舜不更時異處，其書同矣！’樂朔曰：‘凡書之作，欲以喻民也，簡易為上；而乃故作難知之辭，不亦繁乎！’子思曰：‘《書》之意兼復深奧，訓詁成義，古人所以為典雅也！’曰：‘昔魯委巷，亦有似君之言者！’伋答之曰：‘道為知者傳，苟非其人，道不傳矣！今君何似之甚也！’樂朔不說而退，曰：‘孺子辱吾！’其徒曰：‘魯雖以宋為舊，然世有讎焉，請攻之！’遂圍子思。宋君聞之，不待駕而救子思。子思既免，曰：‘文王困於羑里，作《周易》；祖君屈於陳蔡，作《春秋》。吾困於宋，可無作乎！’於是譔《中庸》之書四十九篇。”此宋氏說之所本也，獨不采其“年十六”之說耳。而史公書則於“困於宋”曰“嘗”、於“作《中庸》”曰“子思”，而以補敘於“年六十二”之後；則不知其為“年十六”歟？為非“年十六”歟？敘其事而不繫之年，信以傳信，疑以傳疑，《春秋》之志也！昔堯之命舜曰：“允執厥中”，舜用中於民而亦以命禹；蓋“中庸”之義所由本。而王應麟《困學紀聞》則謂：“孔子曰：‘國家有道，其言足以治；國家無道，其默足以容。’（原注：《大戴禮·家語》）曾子曰：‘孝子之事親也，居易以俟命，不興險行以僥倖。’（按，見《大戴記·曾子曰孝篇》）‘中庸’之言本此。”然後知朱熹序《章句》謂“子思推本堯舜以來相傳之意，質以平日所聞父師之言，更互演繹，作為此書”，其言為信而有徵也！或謂：“《中庸》是漢儒所撰，非子思作也。其隙罅有無心而發露者！孔、孟皆山東人，故論事就眼前指點。孔子曰：‘曾謂泰山不如林放’、曰：‘泰山其頹’，孟子曰：‘登泰山而小天下’‘挾泰山以超北海’；就所居之地，指所有之山，人之情也！漢都長安，華山在焉。《中庸》引山稱‘華嶽而不重’，明明是長安之人，引長安之山，此偽託子思之明驗。”（葉西《再與袁隨園書》）或又謂：“《中庸》釋文一本‘載山嶽而不重’，今云‘載華嶽而不重’。《爾雅·釋山》云：‘河南華，河西嶽’；不是子思之文，當是西漢博士所改也。”（俞正燮《癸巳存稿·二》）此亦足以備異聞，資考論焉。

【《中庸》之本子】按《漢書·藝文志》“《中庸說》二篇”，

《隋書・經籍志》有宋散騎常侍戴顒《禮記中庸傳》二卷，疑古《中庸》有二篇，本而傳說者遂依分篇卷？猶《漢書・藝文志》著錄“《易》上、下經”，遂有《易傳》周氏、服氏、楊氏、蔡公、韓氏、王氏，皆二篇；“《論語》魯二十篇”，遂有魯王駿說亦二十篇。今云“《中庸說》二篇”，知必有一本《中庸》二篇也。戴顒為《傳》二卷，疑尚見二篇本矣！今按《禮記・中庸》第三十一，而《注疏》分兩卷，為卷第五十二，為卷第五十三；豈卽古二篇之舊耶！《孔叢》稱《中庸》之書四十九篇，則是《中庸》有四十九篇本也。而在《禮記》中者一篇，不知其四十九篇之要删歟？抑合併四十九篇而為一篇歟？朱熹為《章句》，因其一篇者，分為三十二章，遂大行於世。其後王柏因朱熹《章句》訂《古中庸》二卷，以第一章至第二十章為上篇，以第二十一章至三十三章為下篇，緟析為二；自以為復《中庸》二篇之古，而《章句》不改朱熹也。然朱熹訂《大學》錯簡，而《中庸》不言；其後亦有訂《中庸》錯簡，而別為定本者。就所覩記，則有明楊守陳撰《中庸私抄》一卷，管志道撰《中庸訂釋》二卷，周從龍撰《中庸發覆編》一卷，凡三家四卷；書軼不見，緒論僅存！（見朱彝尊《經義考》）

楊氏謂：“《中庸》之言，若散而無統，亂而無倫，但由簡之有錯耳！旣移正其簡，又欲更定其章，則文義皆已連屬，更無少斷，然後知《大學》之章可分，而《中庸》難以章分也。”（楊守陳《中庸私抄・自序》）遂以意之所欲正，別寫為本，而取朱熹《章句》分抄其下焉。此訂其錯簡而以為不可分章者，楊氏之書也。管氏自幼讀朱熹《章句》，卽疑“哀公問政”章“禮所生也”之下，有“在下位”三句而遺全文，據朱熹述鄭氏之解曰“此句在下，誤重在此”；夫何以辯下文之非錯簡，而此處之非闕文也?❶ 又考《家語》“子曰三近”之上有僞撰——“寡人實固不足以成之”三語，❷則又疑《章句》中豈無誤混孔氏祖孫言語，而強為分章之處？因先訂此章。其他《章句》，亦有分其合而合其分者，（管志道《中庸訂釋·自序》）凡為三十五章。此訂其錯簡，而别自分章與朱熹不同者，管氏之書也。周氏之書，則以“武、周達孝”“繼述”二條，次於“作述”之下，“纘緒”之上；“故君子不可以不修身”一條，次於“在下位”一條之下，“天道、人道”之上。雖其中與傳注不同者什九，而自謂以《中庸》解《中庸》；其稱“發覆”者，從前所覆者，自今發之，周氏所自命也。（陳懿典《中庸發覆編·序》）此亦別出於朱熹之《章句》，而自成一書者也。惟是朱熹《章句》，不從鄭玄，而精密遠勝；涵詠義理，舍之何求焉！

【《中庸》之讀法】昔程頤稱：《中庸》之書，始言一理，中散為萬事，末復合為一理。放之則彌六合，卷之則退藏於密。其味無窮，而望善讀者之玩索而有得焉！（朱熹《中庸章句》引）粗擬讀法，以當啓蒙。

第一，明其宗旨。《中庸》者，盡性之書也。（王漸逵《中庸義略·自序》）其書始言一理者，天命之性也。中散為萬事者，率性之道也。末復合為一理者，修道之教也。（張洪《中庸講義·自序》）首之以天命，性之原也。自天而推之人，則曰“率性之謂道”。自人而復乎天，則曰“修道之謂教”。（湛若水《中庸測·自序》）教者，

❶ “此句”二句，系朱熹《章句》引郑氏語；“夫何以辯”二句，系管氏之所問。——編者註

❷ “三語”當為“二語”之誤，詳見朱彝尊《經義考》所錄管氏之原文并《孔子家語》之原文。——編者註

所以復其性而已。故於篇末，又從下學立心之始言之，推而至於“上天之載，無聲無臭”，則人未始不為天，天未始不為人；天人相與之故，《中庸》之道極矣！（張洪《中庸講義·自序》）

第二，覈其篇章。《中庸》篇章，各家不同。就所覩記，《禮記正義》分全篇為兩卷三十六節。其後宋儒晁説之撰《中庸傳》一卷，支分節解，凡八十二節：天命之謂性（節）；率性之謂道（節）；修道之謂教（節）；道也者（至）非道也（節）；是故君子（至）不聞（節）；莫見乎隱（至）愼其獨也（節）。喜怒哀樂之未發謂之中（節）；發而皆中節謂之和（節）；中也者（至）達道也（節）；致中和（至）育焉（節）；仲尼曰（至）忌憚也（節）；子曰中庸（至）久矣（節）；子曰道之（至）行矣夫（節）；子曰舜其（至）舜乎（節）；子曰人皆（至）守也（節）；子曰回之（至）失之矣（節）；子曰天下（至）能也（節）；子路問強（至）強哉矯（節）；子曰素隱（至）費而隱（節）；夫婦之愚（至）不能焉（節）；天地之大（至）破焉（節）；詩云鳶飛（至）察乎天地（節）；子曰道不（至）勿施於人（節）；君子之道四（至）先施之未能也（節）；庸德之行（至）慥慥爾（節）；君子素（至）自得焉（節）；在上位（至）徼幸（節）；子曰射有（至）自卑（節）；子曰妻子（至）順矣乎（節）；子曰鬼神（至）如此夫（節）；子曰舜其（至）其壽（節）；故天之（至）覆之（節）；詩曰嘉樂（至）必受命（節）；子曰無憂（至）子述之（節）；武王纘（至）保之（節）；武王末（至）一也（節）；子曰武王（至）至也（節）；郊社（至）掌乎（節）；哀公問政（至）禮所生也（節）；在下位（至）治矣（節）；故君子（至）知天（節）；天下之達（至）一也（節）；或生而（至）一也（節）；或安而（至）一也（節）；子曰好學（至）國家矣（節）；凡為天下（至）所以懷諸侯也（節）；凡為天下（至）不窮（節）；在下位（至）身矣（節）；誠者天之（至）人之道也（節）；誠者不勉（至）聖人也（節）；誠之者（至）必強（節）；自誠明（至）明則誠矣（節）；唯天下至誠（至）參天（節）；❶ 其次（至）能化（節）；至誠（至）如神（節）；誠者自誠（至）道也（節）。❷ 誠者物之（至）為貴（節）；誠者非自（至）宜也（節）；故至誠（至）不測（節）；天地之道博也（至）純亦不已（節）；大哉聖人（至）凝焉（節）；故君子尊（至）崇禮（節）；是故居上（至）之謂與（節）；子曰愚而（至）其身者也（節）；非天子（至）亦不作禮樂焉（節）；❸ 子曰吾說（至）寡過矣乎（節）；上焉者（至）弗從（節）；故君子之道（至）知人也（節）；是故君子（至）天下者也（節）；仲尼（至）大也（節）；唯天下至聖（至）配天（節）；唯天下至誠（至）之化育（節）；夫焉有（至）能知之（節）；詩曰衣錦（至）日亡（節）；君子之道（至）入德矣（節）；詩云潛雖（至）於志（節）；君子之所（至）屋漏（節）；故君子不動（至）有爭（節）；是故君子不賞（至）刑之（節）；是故君子篤恭而天下平（節）；詩云予懷（至）末也（節）；詩曰德輶（至）至矣（節）。最細瑣矣！

朱熹《章句》則分為三十三章，而復截為三大段，以為："首章，子思推本所傳之意以立言，蓋一篇之體要；其下十章，則引先聖之言以明之也。至十二章，又子思之言；其下八章復引先聖之言明之。二十一章以下至於卒章，則又皆子思之言，反復推明以盡所

❶ "參天"當為"參矣"，見朱熹《四書章句集注》，第 32 頁。——編者註
❷ "誠者自誠"今本作"誠者自成"，見上書，第 33 頁。——編者註
❸ "不作"今本作"不敢作"，見上書，第 36 頁。——編者註

傳之意者也”。(朱熹《書中庸後》)大抵自第六章至十一章，則連之以知、仁、勇。自十二章至二十章，則連之以費、隱。自二十一章至三十二章，則連之以天道、人道。王柏訂《古中庸》因熹《章句》，析為二篇：上篇自第一章至第二十章，以“中庸”為綱領；其下諸章，推言智、仁、勇，皆以明“中庸”之義也。下篇自第二十一章至卒章，以“誠”“明”為綱領；其後諸章，詳言天道、人道，皆以著“誠”“明”之道也。

黎立武撰《中庸分章》一卷，則自“天命之謂性”至“萬物育焉”為第一章。(《禮記正義》第一節，朱熹《章句》第一章)“仲尼曰”至“惟聖者能之”為第二章。(《禮記正義》第二節、第三節、第四節、第五節、第六節、第七節，朱熹《章句》第二章、第三章、第四章、第五章、第六章、第七章、第八章、第九章、第十章、第十一章)“君子之道費而隱”至“察乎天地”為第三章。(《禮記正義》第七節，朱熹《章句》第十二章)“子曰道不遠人”至“君子胡不慥慥爾”為第四章。(《禮記正義》第八節，朱熹《章句》第十三章)“君子素其位而行”至“反求諸其身”為第五章。(《禮記正義》第八節、第九節，朱熹《章句》第十四章)“君子之道”至“父母其順矣乎”為第六章。(《禮記正義》第九節、第十節，朱熹《章句》第十五章)“子曰鬼神之為德”至“治國其如示諸掌乎”為第七章。(《禮記正義》第十一節、第十二節、第十三節、第十四節，朱熹《章句》第十六章、第十七章、第十八章、第十九章)“哀公問政”至“不誠乎身矣”為第八章。(《禮記正義》第十五節、第十六節、第十七節、第十八節、第十九節、第二十節、第二十一節，朱熹《章句》第二十章)“誠者天之道也”至“明則誠矣”為第九章。(《禮記正義》第二十二節、第二十三節、第二十四節，朱熹《章句》第二十章、第二十一章）“唯天下至誠”至“故至誠如神”為第十章。（《禮記正義》第二十五節、第二十六節、第二十七節，朱熹《章句》第二十二章、第二十三章、第二十四章）“誠者自成也”至“純亦不已”為第十一章。（《禮記正義》第二十八節、第二十九節，朱熹《章句》第二十五章、第二十六章）“大哉聖人之道”至“蚤有譽於天下者也”為第十二章。（《禮記正義》第三十節、第三十一節、第三十二節、第三十三節、第三十四節，朱熹《章句》第二十七章、第二十八章、第二十九章）“仲尼祖述堯舜”至“天地之所以為大也”為第十三章。（《禮記正義》第三十五節，朱熹《章句》第三十章）“唯天下至聖”至“其孰能知之”為第十四章。（《禮記正義》第三十五節，朱熹《章句》第三十一章、第三十二章）“詩曰衣錦尚絅”至“無聲無臭至矣”為第十五章。（《禮記正義》第三十五節、第三十六節，朱熹《章句》第三十三章）凡十五章。

明管志道《中庸訂釋》，大致本朱熹《章句》而稍變通之：以“人莫不飲食也”一節合“子曰道其不行矣夫”為一章；析“子曰無憂者”一節為一章；自“武王纘太王王季文王之緒”至“孝之至也”為一章；以“郊社之禮”一節自為一章；自“哀公問政”至“禮所生也”接“在下位”一節，然後接以“故君子不可以修身”❶一節為一章；自“天下之達道五”至“則知所以治天下國家矣”為一章；自“凡為天下有九經”至“道前定則不窮”為一章；自“誠者天之道也”至“明則誠矣”為一章；（黎立武《中庸分章》第九章）自“唯天下至誠”至“唯天下至誠為能化”為一章；自“誠者

❶ “不可以修身”當作“不可以不修身”，見朱熹《四書章句集注》，第28頁。——編者註

自成也”至“無為而成”為一章；自“天地之道可一言而盡也”至“純亦不已”為一章；自“子曰愚而好自用”至“亦不敢作禮樂焉”為一章；自“子曰吾說夏禮”至“蚤有譽於天下者也”為一章；自“唯天下至誠”至末為一章。謂通篇未有徑以“詩云”作章首者，故訂之云；凡三十五章。

清李光地撰《中庸章段》一卷，則分為一十二章，特聯屬其文：“天命之謂性”至“萬物育焉”為第一章；（《禮記正義》第一節，朱熹《章句》第一章）“仲尼曰君子中庸”至“民鮮能久矣”為第二章；（《禮記正義》第二節，朱熹《章句》第二章、第三章）“子曰道之不行也”至“強哉矯”為第三章；（《禮記正義》第二節、第三節、第四節、第五節、第六節，朱熹《章句》第四章、第五章、第六章、第七章、第八章、第九章、第十章）“子曰素隱行怪”至“誠之不可掩如此夫”為第四章；（《禮記正義》第七節、第八節、第九節、第十節、第十一節，朱熹《章句》第十一章、第十二章、第十三章、第十四章、第十五章、第十六章）“子曰舜其大孝也歟”至“其如視諸掌乎”為第五章；（《禮記正義》第十二節、第十三節、第十四節，朱熹《章句》第十七章、第十八章、第十九章）“哀公問政”至“雖柔必強”為第六章；（《禮記正義》第十五節、第十六節、第十七節、第十八節、第十九節、第二十節、第二十一節、第二十二節、第二十三節，朱熹《章句》第二十章）“自誠明”至“明則誠矣”為第七章；（《禮記正義》第二十四節，朱熹《章句》第二十一章）“惟天下至誠為能盡其性”至“純亦不已”為第八章；（《禮記正義》第二十五節、第二十六節、第二十七節、第二十八節、第二十九節，朱熹《章句》第二十二章、第二十三章、第二十四章、第二十五章、第二十六章）“大哉聖人之道”至“此天地之所以為大也”為第九章；（《禮記正義》第三十節、第三十一節、第三十二節、第三十三節、第三十四節、第三十五節，朱熹《章句》第二十七章、第二十八章、第二十九章、第三十章）“唯天下至聖”至“故曰配天”為第十章；（《禮記正義》第三十五節，朱熹《章句》第三十一章）“唯天下至誠為能經綸天下之大經”至“其孰能知之”為第十一章；（《禮記正義》第三十五節，朱熹《章句》第三十二章）“詩曰衣錦尚絅”至“至矣”為第十二章。（《禮記正義》第三十五節、第三十六節，朱熹《章句》第三十三章）

諸家之中，莫多於晁說之，莫少於李光地；而要之，章分太碎，意欠融貫，為蔽一也！今依《正義》，分為兩篇：“治國其如示諸掌乎”以上為上篇，“哀公問政”以下為下篇。上篇四章：首“天命之謂性”至“萬物育焉”，題曰“原道”，乃論道之大原出於天，為第一章；自仲尼曰“君子中庸”至“君子依乎中庸，遯世不見知而不悔，惟聖者能之”，題曰“中庸”，言中庸之不可能而可勉也，為第二章；自“君子之道費而隱”至“小人行險以徼幸”，題曰“衡庸”，言道不遠人之所以為庸也，為第三章；自“子曰射有似乎君子”，至“治國其如示諸掌乎”，題曰“推庸”，言反求諸身以推之大孝達孝，而明庸之為道，可大可久也，為第四章。下篇三章：自“哀公問政”至“不誠乎身矣”，題曰“修身”，言五達道、三達德、九經而一、本諸修身，為第一章；自“誠者天之道也”至“純亦不已”，題曰“衡誠”，承上修身而言“誠者自成也”，為第二章；自“大哉聖人之道”至“無聲無臭至矣”，題曰“歎聖”，乃子思昭明聖祖之德，而舉仲尼以為人道之極則也，為第三章。大抵上篇言“率性之謂道”，下篇言“修道之謂教”。上篇以“中庸”兩字提綱，從“中和”引到“中庸”。知愚賢不肖，失乎“中”者也；故以

“執其兩端，用其中於民”為“過”“不及”說法。“素隱行怪”，悖乎“庸”者也；故以“道不遠人”“反求諸其身”，為“隱”“怪”砭規。而終以“父母其順”推極言之，以稱大孝達孝，德博而化，壹本於庸言之信，庸行之謹也。下篇以“誠”字提綱，論天下五達道、國家九經，無不推本於“誠身”；似是上篇“道不遠人”“反求諸其身”之指。而誠身之人有兩等：一則“自誠明”，“天下至誠”“天下至聖”是也；一則“自明誠”，“擇善而固執之”“其次致曲”是也。而要其歸於“無聲無臭”，與上篇篇首“不聞不覩”義相發。

然《中庸》一書，本是脉絡貫聯，而漢人輒於其中妄加“子曰”字，遂致截斷文理，多生枝節。俞樾嘗切論之，大指以為：子曰“中庸其至矣乎！民鮮能久矣！”“道之不行也，我知之矣：知者過之，愚者不及也。道之不明也，我知之矣：賢者過之，不肖者不及也。人莫不飲食也，鮮能知味也。”“道其不行矣夫”，此數語本一氣貫注——“民鮮能”句，即包下“不行”“不明”兩意；而“不行”由於“不明”，故用“鮮能知味”一喻，而以“不行矣夫”為唱歎之語以結之。漢人於此加兩“子曰”字，遂使一章變成三節，而語轉不了矣！子曰：“舜其大知也歟！舜好問而好察邇言，隱惡而揚善，執其兩端，用其中於民，其斯以為舜乎！人皆曰‘予知’，驅而納諸罟獲陷阱之中，而莫之知辟也。人皆曰‘予知’，擇乎中庸而不能期月守也。回之為人也，擇乎中庸，得一善，則拳拳服膺而弗失之矣！天下國家可均也，爵祿可辭也，白刃可蹈也，中庸不可能也”！此段文字亦一氣貫注——因上章“不行”“不明”兩意，側重“不明”，故舉舜之“大知”以示人，見必如舜之“大知”方可以明道；“人皆曰‘予知’”，而實非“知”也，故擇乎中庸而不能守，因舉回之為人，以示能守者之難得，而以中庸不可能為唱歎之語，并上章而結之。漢人於此加三“子曰”字，遂使一章變成四節，而語轉不了矣！《禮記》如《坊記》《表記》《緇衣》等篇，其中“子曰”“子云”等字，均是漢人增益，多可刪除者；姑舉《中庸》兩段以示例，餘可類推焉。

亦有“子曰”字本非衍，而誤以為衍者，如“哀公問政”一章，非皆孔子之言也，子思之言也。孔子之言至“夫政也者蒲盧也”，其辭畢矣；故“為政在人”以下，則皆子思之言。蓋子思欲明“為政在人”“取人以身”，而特引夫子之語以發端也。下文“好學近乎知”三句，又著“子曰”字，則其上非孔子之言明矣！學者不察，謂上下皆孔子語，乃以此“子曰”字為衍文。嗟乎！如前兩章，則衍“子曰”字而不知；如此章，則應有“子曰”字而反以為衍：乃歎古書之不易讀如此！（俞樾《達齋叢說·中庸說》）

第三，觀其會通。《中庸》一書，內貫《易》理，外通道佛。佛教者，智信圓融之教也。世界諸宗教，無不根植於信，而見破於智，以故宗教與科學不兩立，乃至與哲學亦相違牾。惟佛教則不然！其利樂有情，始於由智生信，復終於由信轉智。觀釋尊四十九年之說法，最初說有，其次說不有而空，最後乃說究竟，即非空非有之中道，此三時所說之教義，無一非極悲智雙運，朗照澄澈之觀；而其鈐鍵尤在第三時之中道教。中道教者，三時教之一，說有空不偏，中道之教也；是法相宗所立。佛法以中道為究竟義，吾儒以中庸為第一諦。中庸之以“誠”“明”互修，猶佛法之貴“智”“信”圓融。“自明誠謂之教”，教之始於由智生信也。“自誠明謂之性”，道之終於由信轉智也。“誠則明矣！明則誠矣！”誠者，天之道也；誠之者，人之道也。誠者，不勉而中，不思而得；從容中道，聖人也！誠之者，擇善而固執之者也！“執其兩端，用其中於民。”“中”者，無過不及之名。孔子贊《易》六十四卦、三百八十四爻，位當者言正，不當者非正；而言“中”也，重於正。九三、六四，皆正也；三多凶，四多懼，以其不中也。九二、六五，皆非正也；二多譽，五多功，以其中也。故《彖傳》言“中”三十有五，《象傳》言“中”三十有八，正不必中，中無不正也。其言中也，曰：“正中”，曰“時中”，曰“大中”，曰“中道”，曰“中行”，曰“行中”，曰“剛中”，曰“柔中”；剛柔非“中”也，而得“中”者無咎。故嘗謂《易》六十四卦三百八十四爻，一言以蔽之，曰“中”而已矣！

子思昭明聖祖之德而作《中庸》，其義蓋本之《易》。聖人之作《易》也，將以順性命之理，和順於道德而理於義，窮理盡性以至於命。(《說卦傳》）而“天命之謂性，率性之謂道，修道之謂教”，此子思作《中庸》之所為開宗明義者也！然堯之傳舜曰：“允執其中”，而舜亦以命禹。《洪範》九疇，天所以錫禹也；五居九疇之中，故曰“建用皇極”。“皇極”者，“大中”之謂也。堯舜以來，言“中”不言“庸”。子思之言“中庸”，何也？曰：所以救“素隱行怪”“愚而好自用者之失也”。《說文》：“庸”，从庚从用，“庸”之言用也。然好自用者不能和衆，而和衆者必依“中庸”。自性天之所命者言之，謂之“中”，《傳》曰“民受天地之中”是也。自盡人所率用者言之，謂之“中庸”，此曰“用其中於民”是也。“中”無定體，而用“中”莫如隨時，故曰：“君子之中庸也，君子而時中”。雖然，“時中”唯聖者能之，而擇“中”而執之，則人皆可勉；中之所在，善之所在也，故亦謂之“擇善”。聖人之教人也，欲使知愚賢不肖之倫，去其過不及而歸於中，故示之以從入之方，曰“擇乎中庸”。“擇”也者，能不能未定之詞也。擇之而得之，得之而固執之，久之而無時之不用其“中”，此之謂“時中”，此之謂

“依乎中庸”矣。然則何以復言“中和”？曰：自“用其中”者而言，謂之“中庸”；自“和於衆”者而言，謂之“中和”。“發而皆中節”者，合乎時，和乎衆者也。天有四時，順其序，不奪其倫，謂之太和；人有七情，中其節，不陵於衆，謂之“中和”。“中”以“和”為用，“庸”以“中”為體，故《博雅》訓“庸”為“和”。而《中庸》一篇首言“致中和”，“中和”卽“中庸”也。惟“中”斯依乎“庸”，惟“庸”乃“和”乎衆。孔子特發其義於《乾》之九二，而推極其致於九五。其贊《乾·九二》曰：“龍德而正中者也；庸言之信，庸行之謹，閑邪存其誠，善世而不伐，德博而化。《易》曰：‘見龍在田，利見大人’，君德也。”“君”者羣也，“君德”之言羣德也。夫以龍德正中之德博而化，而基之於“庸言之信”“庸行之謹”，此依乎“庸”以執“中”者也。其贊《九五》曰：“同聲相應，同氣相求。水流溼，火就燥，雲從龍，風從虎；聖人作而萬物覩。本乎天者親上，本乎地者親下，則各從其類也。”蓋聖人先得我心之同然者，故為“同聲”“同氣”之義。聖人之於人亦類也，故為“各從其類”之義。《彖》曰：“乾道變化，各正性命，保合太和”，卽指《九五》而言。此依乎“庸”以和衆者也。“素隱行怪，後世有述焉”，斯不“庸”矣！“愚而自用”，求逞於人焉，斯失“和”矣！乾元用九而戒之以“天德不可為首”，懼其矯強，以不“庸”者而失“中”也。六十四卦，不外乎“時中”，孔子知其意而特發“中庸”之義於《乾·文言》。惟“時中”，斯因時制宜，無時不“中”；惟“中庸”，斯和光同塵，無衆不和。莊子知其意而特發中庸之義於《齊物論》曰：“彼亦一是非，此亦一是非。果且有彼是乎哉？果且無彼是乎哉？彼是莫得其偶，謂之道樞；樞始得其環中以應無窮，是亦一無窮，非亦一無窮也。惟達者知通為一，為是不用而寓諸庸。庸也者，用也；用也者，通也；通也者，得也。適得而幾已，因是已！是以聖人和之以是非，而休乎天鈞。”雖為言不同，而言“中”言“庸”則一。然則《中庸》之書，蓋道出於《易》，而旁通於道佛書者焉！

余五歲，受《中庸》於伯兄子蘭先生；伯兄課督綦嚴，而於朱熹《章句》多異說。迄今四十餘，鬢毛已斑，而伯兄不祿，忽忽十年。自傷老大無成，每展是書，未嘗不追念伯兄之教，祇徊莊誦而不能自已也！爰當啓蒙而述是篇。

《孝經》第五·附

按王儉《七志》，以《孝經》居首（見《經典釋文》敘錄）。蓋孝，德之本也，教之所由生。愛敬盡於事親，而德教加於百姓，古以是為至德要道；而輓近世昌言觝排，以為悖情拂性，吾國“父不父”之罪狀在是也！於戲！“非孝者無親！”而譾言曰“仁民愛物，旁施四海”者，吾聞其語矣未，見其人也！夫誰欺，欺天乎！爰撰是篇以曉來學。

【解題】“孝”者事親之德，“經”者常行之典。《爾雅·釋訓》曰：“善父母為孝。”《禮記·祭統》曰：“孝者畜也，順於道，不逆於倫，此之謂畜。”《說文·老部》：“孝，善事父母者，从老省，从子承老也。”則是“孝”者事親之德也。而題曰“經”者，按《說文·系部》：“經，織也。”《玉篇》“經緯以成繒布”，借以為經綸天下之意。《易·屯卦·象》曰：“雲雷屯，君子以經綸。”《周禮·天官》太宰：“以經邦國”，注：“經，法也。王謂之禮經，常所秉以治天下也；邦國官府謂之禮法，常所守以為法式也。常者其上下通名。”然則“經”者，國家之法典，編著之圖籍，設之於官府，而布之於百姓者也。今按子稱曰：“先王有至德要道，以順天下，民用和睦；”（《開宗明義章第一》）“孝”之謂也。然則“孝”之為道，蓋王者常所秉以治天下，諸侯卿大夫士庶人常所守以為法式，與法典同其用，而教敬敦禮，示民有常者也，故題以經。《漢書·藝文志》曰："《孝經》者，孔子為曾子陳孝道也。夫孝，天之經，地之義，民之行也；舉大者言，故曰'孝經'。""鄭玄《六藝論》曰：'孔子以《六藝》題目不同，指意殊別，恐道離散，後世莫知根源，故作《孝經》以總會之。'（邢昺《孝經序》正義引）明其枝流雖分，本萌於孝者也。"（《隋書·經籍志》引）皇侃《義疏》曰："經者，常也，法也。此經為教，任重道遠，雖復時移代革，金石可消，而為孝事親，常行存世不滅，是其常也；為百代規模，人生所資，是其法也；言孝之為教，使可常而法之。《易》有《上經》《下經》，老子有《道經》《德經》。孝為百行之本，故名曰"孝經"，"經"之題名始此。蓋《易》《書》《詩》《禮》《春秋》，孔子稱引之見《論語》者，並不鑿稱"經"；而《史記·老子傳》但云："迺著書上下篇，言道德之意五千餘言"，亦未名"經"。獨此書言孝，特表而出之曰"天地之經"，（《三才章第七》）始肇經之一名，是孔子自名之也。然則書之題名"經"，儻以《孝經》為權輿歟？

【《孝經》之作者】宋儒陳騤、汪應長以《孝經》為僞撰。然按蔡邕《明堂》《月令》論引魏文侯《孝經傳》；《呂氏春秋》"先識覽""察微篇"亦引《孝經·諸侯章》；而董仲舒《春秋繁露·五行對篇》河間獻王問溫城董君曰："《孝經》曰：'夫孝，天之經，地之義'。"《漢書·匡衡傳》衡上疏曰："《大雅》曰：'無念爾祖，聿修厥德。'孔子著之《孝經》首章。"漢世儒者，其言鑿鑿，則《孝經》非僞撰可知；它若陸賈《新語》、劉向《說苑》、應劭《風俗通》諸書，皆有援据《孝經》之語，益徵《孝經》自兩漢以前，炳若日月，而非後世作僞之徒所剽竊竄改也。今觀其文，去大小戴《禮記》所錄為近，其中各章皆引《詩》為結，實開荀子著書、《韓詩外傳》之體，而《開宗明義章第一》曰："仲尼居，曾子侍"，與

《大戴禮記》“孔子閒居，曾子侍”、(《主言篇》)《小戴禮記》“孔子閒居，子夏侍”、“仲尼燕居，子張、子夏言游侍”，文法正同。特以其書言孝道乃天下之大本，故自為一經。(《中庸》“立天下之大本”，鄭玄注：“大本者，經也。”)而《漢書·藝文志》徒稱“《孝經》者，孔子為曾子陳孝道。”顧不言載筆者誰何?

据《史記·仲尼弟子傳》曰：“曾參南武城人，字子輿，少孔子四十六歲。孔子以為能通孝道，故授之業，作《孝經》。”則是孔子之作也。儻是孔子之言而曾子載筆焉，但可謂之述，不可謂之作，故鄭玄以為孔子作也；此最古說。顧有謂《孝經》，孔子不為曾子陳者。按劉炫《述義》，其略曰：“炫謂孔子自作《孝經》，本非曾參請業而對也。士有百行，以孝為本；本立而後道行，道行而後業就，故曰：‘明王之以孝治天下也’。然則治世之要，孰能外乎！徒以教化之道，因時立稱；經典之目，隨時表名。至使威儀禮節之餘，盛傳當代；孝悌德行之本，隱而不彰。夫子運偶陵遲，禮樂崩壞，名教將絕，特感聖心！因弟子有請問之道，師儒有教誨之義，故假曾子之言以為對揚之體，乃非曾子實有問也。若疑而始問，答以申辭，則曾子應每章一問，仲尼應每問一答。按《經》，夫子先自言之，非參請也；諸章以次演之，非待問也。且辭義血脉，文連旨環，而開宗題其端緒，餘音廣而成之，非一問一答之勢也。理有所極，方始發問，又非請業請答之事。首章言‘先王有至德要道’，則下章云：‘此之謂要道’，‘非至德其孰能順民’，皆遙結首章，非答曾子也。舉此為例，凡有數科。必其主為曾子言，首章答曾子已了，何由不待曾子問，更自述而明之?且首起曾參侍坐，與之言，二者是問也，一者歎之也。蓋假言乘閒曾子坐也，與之論孝，開宗明義，上陳天子，下陳庶人，語盡無更端，於曾子未有請，故假參歎孝之大，又說以孝為理之功；說之已終，欲言其聖道莫大於孝，又假參問，乃說聖人之德，不加於孝；在前論敬順之道，未有規諫之事，慇懃在悅色，不可頓說犯顏，故須更借曾子言陳諫諍之義：此皆孔子須參問，非參須問孔子也。莊周之斥鷃笑鵬，罔兩問影；屈原之漁父鼓枻，太卜拂龜；馬鄉之烏有無是，揚雄之上林子虛；寧非師祖以為楷模者乎？若依《鄭注》，實居講堂，則廣延生徒，侍坐非一；夫子豈凌人侮衆，獨與參言耶？且云：'汝知之乎'，何必直汝曾參，而參先避席乎？必其徧告諸生，又有對者，當參不讓儕輩而獨答乎？由斯言之：經教發抒，夫子所撰也。而《漢書・藝文志》謂其為曾子特說此經。然則聖人之有述作，豈為一人而已？"（邢昺《孝經序正義》引）斯其與《史記》《漢書》稱："孔子為曾子陳孝道而作"之說不合。要以為孔子之作，無可疑者。

顧有以為"曾參雖有至孝之性，未達孝德之本；偶於閒居，因得侍坐，參起問於夫子，夫子隨而答參，是以集錄，因名為《孝經》"者，蓋以為夫子之言，而曾子述之也。邢昺《正義》引之而不著誰說，意者起於隋唐之後？蓋劉炫嘗駁難其說也，曰："假使參自集錄，豈宜稱師字者乎？"（亦為《述義》，邢昺《孝經序正義》引）謂開宗明義，揭"仲尼居"以稱也。顧宋儒好仍其說，而甚焉，且以為曾子弟子所為矣！王應麟《困學紀聞・孝經篇》曰："致堂謂：'《孝經》，非曾子所自為也。曾子問孝於仲尼，退而與門弟子言之，門弟子類而成書。'（致堂胡寅號）晁子止（晁公武《讀書志》）謂'何休稱子曰：吾志在《春秋》，行在《孝經》；則孔子自著也。今首章仲尼居，則非孔子所著矣。當是曾子弟子所為書'。"此後起之說，未可為據也。獨劉炫以為"夫子運偶陵遲，名教將絕，特假曾子之問以為對揚之體"，雖為無據而實有見。近儒陳澧《東塾讀書記・孟子篇》曰："孟子書，諸弟子問而孟子答之，多客主之辭，乃戰國文體也。(如《卜居》《漁父》之類）如萬章謂'今之諸侯猶禦'，其持論之嚴如此！則其問'不託諸侯''不見諸侯'，為客主之辭明矣。李榕村《語錄》曰：'萬章好論古，大抵博觀雜取，一切稗官野史，都記得多，却不知其人，連大禹、伊尹、孔子都疑惑一番！'此不知孟子文體也。《萬章篇》所論唐虞三代之事，閎遠深博，非問答之文，不能暢達之：讀書豈可不識文章之體乎！"蓋意以往復而始發，理以詰難而有明，自古有然，不獨《孝經》！《孝經・鉤命訣》："孔子在庶，德無所施，功無所就，志在《春秋》，行在《孝經》。"又曰："某以匹夫徒步以制正法，以《春秋》屬商，以《孝經》屬參。"陸德明曰："《孝經》與《春秋》雖具夫子述作，然《春秋》周公垂訓，史書舊章，《孝經》專是夫子之意。"按孔子作《春秋》成於七十二歲，而鄭君言《孝經》所以總會六藝，然則《孝經》，孔子最後成也。

【《孝經》之本子】《漢書・藝文志》箸錄二本：一、《孝經》一篇十八章，可為《孝經》之初本。漢興，長孫氏、博士江翁、少府后蒼、諫大夫翼奉、安昌侯張禹傳之，各自名家，經文皆同，惟《孝經古孔氏》一篇為異："父母生之，續莫大焉"，"故親生之膝下"，諸家說不安處，古文字讀皆異。劉向曰："《庶人章》分為二也，《曾子敢問章》為三（即今正義本《聖治章第九》），又多一章，凡二十二章。"厥為《孝經》之第二本，然皆不傳！其可考見者，按桓譚《新論》曰："《古孝經》千八百七十二字，今異者四百餘字"，而《孝經》古繫之"孔氏"者，蓋以為"孔氏壁中古文"也，非"《孔安國傳》"之云也。武帝末，魯恭王壞孔子宅，欲以廣其宮，而得《古文尚書》《禮記》《論語》及《孝經》凡數十篇，皆古字也。孔安國者，孔子後也，悉得其書，以考二十九篇，得多十六篇，語詳《漢書·藝文志》《尚書敍》，乃謂：孔安國悉得《古文尚書》，以考今文二十九篇，得多十六篇，獻之語意甚明，而不涉於《孝經》。《古文孝經》者，孝昭帝時，魯國三老所獻；至光武、建武之世，給事中議郎衛宏所校，皆口傳，官無其說，獨故太尉南閣祭酒許愼學《孝經孔氏古文說》，謹撰具一篇（《說文解字敍》後《許沖上書》）。然則《古文孝經》之著書者，漢儒許愼一人而已，何有《孔安國傳》也！《漢書·藝文志》敍《孝經》亦明著曰："孔氏壁中古文"，而不言《孔安國傳》；至隋祕書監王劭於京師，訪得《孔安國傳》，送至河間劉炫；炫因序其得喪，述其義疏，講於人間，漸聞朝廷；儒者諠諠，皆云："炫自作之，非孔舊本"，而祕府又先無其書，（《隋書·經籍志》）以許愼《說文》所引及桓譚《新論》考證，亦皆不合！然自是傳《孝經》者，有《今文》《古文》二本。

《今文》稱《鄭玄注》，其說傳自荀昶，而《鄭志》不載其名；《古文》稱《孔安國傳》，其書出自劉炫，而隋儒已言其僞。陸德明與炫同時，而撰《經典釋文》，所據者蓋鄭注《今文》，故首出鄭氏二大字；但按《敍錄》云："世所行《鄭注》，相承解為鄭玄，按《鄭志》及《中經簿》無。中朝穆帝集講《孝經》，云以鄭玄為主；檢與康成注'五經'不同，未詳是非？"而不加以斷言，蓋疑以傳疑之辭也。至唐元宗開元七年三月，詔令羣儒質定。右庶子劉知幾主《古文》，五十二驗以駁鄭；國子祭酒司馬貞主《今文》，摘《閨門章》文句凡鄙、《庶人章》割裂舊文、妄加子曰字，及注中脫衣就功諸語，以駁孔。兩議並上，詔鄭依舊行用，《孔注》傳習者稀，亦存繼絕之典。十年六月，上註《孝經》，頒天下及國子學；天寶二年五月，上重註，亦頒天下（《唐會要》）。唐以前諸儒之說，因藉捃摭以僅存。四年九月，以《御注》仍自八分，刻石於太學，謂之《石臺孝經》；舊在西安府學，為碑凡四。自是元宗《御註》行，而鄭孔兩家併廢；厥為世間之第一古本，其章句蓋同今文也。元宗既自註《孝經》，詔元行沖為疏（《唐書・元行沖傳》）；朱真宗咸平二年，翰林侍講學士邢昺受詔校定《孝經義疏》（《宋史・邢昺傳》），特剪截《元疏》，旁引諸書，成《孝經正義》三卷。《元疏》廢而《邢疏》遂行，今刊入《十三經註疏》者是也；可謂為《孝經》之第二古本，而於是古文之不講久矣！

迨宋之南，朱熹乃取《古文孝經》，分為經一章，傳十四章，删經文二百二十三字，成《孝經刊誤》一卷。其大指以“仲尼居”至“未之有也”為一節，云：“夫子、曾子問答之言，而曾氏門人之所記；疑所謂《孝經》者，其本文止如此，其下則或者雜引傳記以釋經文。”推朱熹之意，則第一節猶《大學章句》所謂經一章；其下“釋經文”者，猶《大學章句》所謂傳；而“雜引傳記”者，猶《中庸章句》所謂“雜引孔子之言以明之”也。（陳澧《東塾讀書記》卷一）古文於是有改本，而為南宋以後作註者之所遵用焉。至元吳澄又改定《今文孝經》，從朱熹《刊誤》之例，分列《經》《傳》，其經則合《今文》六章為一章，其傳則依《今文》為十二章而改易其次序；至朱熹所删一百七十二字（朱熹《刊誤》删二百二十三字中，有句删其字者。此惟載所删之句，故止一百七十二字），與《古文・閨門章》二十四字，並附錄於後，為《孝經定本》一卷。蓋《孝經》至是而《古文》《今文》皆有改本矣！然世傳《古文》之不同於《今文》者，特如黃震《日鈔》所稱“首章《今文》云：‘仲尼居，曾子侍’，《古文》則云：‘仲尼閒居，曾子侍坐’；《今文》云：‘子曰先王有至德要道’，《古文》則曰：‘子曰參，先王有至德要道’；《今文》云：‘夫孝，德之本也，教之所由生也’，《古文》則曰：‘夫孝，德之本，教之所由生’。文之或增或減，不過如此，於大義固無不同。至於分章之多寡，《今文·三才章》‘其政不嚴而治’與‘先王見教之可以化民’通為一章，《古文》則分為二章；《今文·聖治章第九》‘其所因者本也’與‘父子之道天性’通為一章，《古文》則分為二章；‘不愛其親而愛他人者’，《古文》又分為一章。章句之分合，率不過如此，於大義亦無不同。《古文》又云‘閨門之內具禮矣乎，嚴父嚴兄，妻子臣妾，猶百姓徒役也’；此二十二字，今文全無之，而《古文》自為一章，與前之分章者三，共增為二十二。所異者又不過如是，非《今文》與《古文》各為一書也。”

自唐元宗《御注》行，而《古文孔傳》《今文鄭注》均佚，獨本經存！晚出《孔傳》《鄭注》得自日本者，（乾隆丙申，歙人汪翼滄自日本攜彼國太宰純《校刊古文》《孝經孔氏傳》以歸，付鮑廷博刊之。知不足齋阮元《孝經義疏校刊記序》曰：“《孔注》今不傳，近出於日本國者，誕妄不可據。要之，《孔注》即存，不過如《尚書》之偽傳，決非眞也；《鄭注》之偽，唐劉知幾辨之甚詳。而其書久不存，日本國又撰一本流入中國，此偽中之偽，尤不可據者。”）特所謂“偽中之偽”耳，寧足據哉！然則言《孝經》者，舍《唐注》《邢疏》，其何以焉！至讓清道光間，儀徵阮元芸臺則以《孝經》為曾子之書也，既撰《曾子注釋》，以與《孝經》相表裏；因命次子福喜齋撰《孝經義疏補》九卷，全載《唐注》《邢疏》原文，而以《曾子》十篇中凡可以發明《孝經》，可以見孔、曾授受大義者，悉分系於各章各句之下。至明皇御注，半存舊注，而《鄭注》亦雜其中。如有《鄭注》見引於唐以前書者，悉據以補之；而於《釋文》所載《鄭注》舊字舊義，全行載入，以存鄭氏舊觀，且疏證之。古籍可相輔翼，並為甄錄；兼下己意，曲鬯旁通。雖曰補疏，而實與疏全經者無殊；專家之學，清儒莫逮也！並存於此。

【《孝經》之讀法】《孝經》篇幅匪宏，而綱紀畢具，上自君卿，下迄士庶，括囊大典，宣究道原。黃震《日鈔》，《孝經》弁首，而《論語》《孟子》次之，以為大道之戶奧，六藝之總會，讀經者當先讀《孝經》也！粗述覩記，以擬讀法。

第一，明其宗旨。吾聞英國哲家達爾文氏，昌言天演，徵見物競，優勝劣敗，適者生存；同人道於鷙獸，以競爭為固然！宜若"聖人人倫之至"，必當退聽於無權？而顧致警於道德之不可蔑棄，其大指以為："道德之原，實起於親子之有愛！擴而充之，則為同族、同類之兼相愛，斯稱為動物之羣性；而與動物之自利性，如車之有兩輪，如鳥之有雙翼，幷偕有生以俱來。天演物競，自然淘汰，此羣性之於人類，乃日繼長增高以有緝熙於光明者，此何以故？蓋壞國喪家，必由營私；專欲難成，多助得順。故羣性之發長，亦為適者資格之一。就一國家一社會之個人而言：忠信篤敬、仁人良士之子孫，角知爭雄，較之貪夫敗類、詐偽桀黠者之子孫，孰為勝利，雖未可必，而以團體競爭言，則多數忠信篤敬、仁人良士之個人所構成之國家之社會，必較諸多數貪夫敗類、詐僞桀黠之個人所構成之國家之社會，為繁榮而強固。何者？蓋營私自利，壞國喪家，人道或幾乎息，寧我之能獨存！則固事有必至，理無可疑者！"而推羣性之見端，厥徵於親子之有愛。於戲！此"非孝者無親"之所以為大亂之道，（《五利章第十一》）而"教民親愛"之所以"莫善於孝"也！（《廣要道章第十二》）"愛親者不敢惡於人，敬親者不敢慢於人。"（《天子章第二》）"聖人因嚴以教敬，因親以教愛；聖人之教不肅而成，其政不嚴而治。父子之道，天性也!”（《聖治章第九》）“先王見教之可以化民也，是故先之以博愛而民莫遺其親。”（《三才章第七》）此“孝”之所以“為德之本”，“教之所由生也”!（《開宗明義章第一》）夫人之所以競勝於物而不殄厥胤者，徒以其仁而能羣也。

試徵諸載籍：其在《漢書·刑法志》曰：“夫人肖天地之須，懷五常之性，聰明精粹，有生之最靈者也！爪牙不足以供耆欲，趨走不足以避利害，無毛羽以禦寒暑，必將役物以為養，任智而不恃力，此其所以為貴也！故不仁愛，則不能羣；不能羣，則不勝物；不勝物，則養不足，爭心將作。上聖卓然，先行敬讓博愛之德者，衆心說而從之；從之成羣，是謂君矣！歸而往之，是謂王矣！《洪範》曰：‘天子作民父母，為天下王。’聖人取類以正名，而謂君為父母；明仁愛德讓，王道之本。”推班氏之指，“明仁愛德讓，王道之本”，而取類於父母者，豈不曰“羣性之見端，厥徵於親子之有愛”也乎！此可以徵赫胥黎之論天演焉！赫氏之論曰：“人之有羣，其始亦動於天機之自然乎！其亦天之所設而非人之所為乎！羣肇於家，其始不過夫婦、父子之合；合久而系聯益固，生齒日繁，則其相為生養、保持之事，乃愈益備。故宗法者，羣之所由昉也。夫如是之羣，合而與其外爭，或人或非人，將可以無畏而有以自存；蓋唯泯其爭於內，而後有以為強，而勝其爭於外也！此所與飛走蠉泳之羣同焉者也！且與生俱生者有大同焉！曰好甘而惡苦，曰先己而後人。夫曰先天下為憂、後天下為樂者，世容有是人，而無如其非本性也！人之先，遠矣！其始禽獸也，不知更幾何世而為山都木客，又不知更幾何年而為毛民猺獠；由毛民猺獠，經數萬年之天演而有今日，此不必深諱者也！自禽獸以至為人，其間物競天擇之用，無時而或休；而所以與萬物爭存，戰勝而種盛者，中有最宜者在也！是最宜云何？曰‘獨善自營’而已！夫自營為私，然私之一言，乃無始來斯人種子；由禽獸得此，漸以為人，直至今日而根株仍在者也。古人有言：‘人之性惡。’又曰：‘人為孽種，自有生來便含罪惡。’其言豈誕妄哉！是故凡屬生人，莫不有欲，莫不求遂其欲；其始能戰勝萬物而為天之所擇以此，其後用以相賊而為天之所擇亦以此！何則？自營大行，羣道將息，而人種滅矣！此人所與鳥獸昆蟲異者，又其一也！自營甚者，必侈於自由。自由侈則侵，侵卽爭，爭則羣渙，羣渙則人道所恃以為存者去！故曰：‘自營大行，羣道息而人種滅’也。然而天地之性，物之最能羣者，又莫人若！如是，則其所受於天，必有以制此自營者，夫而後有羣之效也。夫物莫不愛其苗裔，否則其種早絕而無遺，自然之理也。獨愛子之情，人為獨摯！其種最貴，故其生有待於父母之保持，方諸物為最久，故其用愛也尤深；繼乃推類擴充，緣所愛而及所不愛。是故慈幼者，仁之本也；而慈幼之事，又若從自營之私而起；由私生慈，由慈生仁，由仁勝私。”（見嚴復譯《天演論》導言第十二、第十三）此班氏“明仁愛德讓，王道之本”之所為取類於父母者也！然則人種之不滅，由於羣道之不息；羣道之不息，由於仁心之博愛：心同理同，推諸東海而準，推諸西海而無不準！雖然，赫氏言慈子為仁之本，而孔子則以孝弟為仁之本；與子言孝，而不與父言慈者曷居？曰“此聖人所以為‘人倫之至’也！親之愛其子，蓋動物之所同然，而子之知孝親，斯人道之所獨而躋於‘聖人人倫之至’耳！”

吾聞英國哲家有特蘭門德氏（Henvg Dramont）者，著《人類向上論》（*Aglntafman*）一書；其名稱與達爾文氏昌言天演以《動物進化論》為揭櫫者，若作旗鼓之當，大指以為：“人羣之進化乃愛之進化，而非由於競爭，此人之所以異於普通生物也！大抵生物為生存而努力者有二：一為維持己之生存，一為維持他之生存。而生活之綱，乃以此一經一緯之所組成。為己之生命而努力，乃有競爭，而其為他人之生命而努力者，即倫理學中之所謂愛也。愛之云者，非近世所發見，非後天之觀念，非宗教、倫理、文學、美術之所產出；其來源之遠，與地球原形質之胚胎以俱萌；其發榮滋長，亦自有其歷史。從來言進化者，祇知競爭而不言愛，則是知其一而不知其二也！夫生物與無生物之區別有二，即營養與生殖而已。營養者，自外部吸取物質以儲於體內，而同化之，以發育自體，是為己之生命而努力也；生殖者，割體內之一部而養育之，俾分離於體外，別成一生活體，是為他之生命而努力也。故原形質之利己與利他，已徵兼營並存；而下等原生細胞之個體分裂，即犧牲自體之生活以成多數之生活體，即愛之原始作用。至高等植物，則生殖器官與營養器官，同其具體。吾人若觀花、果實及種子之一切機能，則知其為他之生命而努力者，其進步已著。進而至於動物，則生殖之機能益宏，而愛情之端倪顯露。至人類而保抱提攜，鞠育教誨；親子之愛，篤實煇光。推之而家庭也，國家也，社會也，皆愛之所創造者也；同情也，協助也，皆愛之所發生者也。愛之眞意義，即犧牲自己以利他人之生存之謂也，匪僅父母對於其子女而存；而子女者，祇愛之精神最顯著之發表機關而已。夫父母之生育子女，其初為生理的活動，其繼為倫理的活動。方其生也，生理作用也，然生理作用畢其事，而倫理作用代之起。倫理的愛，所以續生理的愛而竟其全功者也，而人類之生存，不能不依此倫理的愛而活動，此則所謂‘愛之進化’也。夫以生理學中未終了之愛，繼繼繩繩，而以入倫理學之範疇，其愛乃底於完成！”故曰：“父母生之，續莫大焉。”（《聖治章第九》）“孝悌之至，通於神明，光於四海，無所不通。”（《感應章第十六》）苟能充之，足以保四海；苟不充之，不足以事父母。人知愛其子，牛馬亦知愛其子；苟言愛之進化，而徵諸親之慈子，尚未躋於“聖人人倫之至”。然則“慈”者生物之所同，而“孝”乃人倫之所獨也。故曰：“天地之性人為貴，人之行莫大於孝。”（《聖治章第九》）此《孝經》一書所以與子言孝，而不與父言慈也！故特為發其指焉。

第二，觀其會通。善有元，事有會！《易大傳》曰：“天下同歸而殊途，一致而百慮。”《孝經》一書，綱紀《論語》，旁通《春秋》，肇開墨學，通於一而萬事畢；知其元，則衆善舉矣！何以言其然？案《孝經・開宗明義章第一》統下天子、諸侯、卿大夫、士、庶人五章言之，而謂“孝始於事親，中於事君，終於立身”。若以“事君”作君主解，則君主之最尊者，莫如天子矣，更何“事君”之可言！“君”之為言羣也，（《荀子・王制》“君者善羣也”，《春秋繁露》“滅國君者不失其羣者也”，《白虎通・號》“言之為言羣也”）“事君”者，謂有事於羣以為羣服務也。“愛親”“敬親”，“始於事親”也；“愛親者不敢惡於人，敬親者不敢慢於人”，（《天子章第二》）“中於事君”也。而要其“終於立身“者，則以愛根性生，而“事親”“事君”，皆窮理盡性之所有事，而非於立身以外别有所事也。《論語》以“學而時習”章第一，“其為人也孝弟”章第二，見學者窮理盡性，不外於立身，而立身之道，莫大於孝弟。“愛親者不敢惡於人，敬親者不敢慢於人”，（《天子章第二》）“聖人因嚴以教敬，因親以教愛”；（《聖治章第九》）此孝弟所以為仁之本也！（《論語》“其為人也孝弟”章）仁从人从二，會意，人相偶也。人之相偶，始於父子、兄弟，而親親乃為仁民之基。不孝不弟，則人相偶之大本已壞，而失其所以為人，何立身之與有！故曰“綱紀《論語》”也。按《孝經·鉤命決》：“孔子曰：‘欲觀我褒貶諸侯之志，在《春秋》；崇人倫之行，在《孝經》。’”此雖緯書，然當時曾檃括其語曰：“吾志在《春秋》，行在《孝經》。”孟子曰：“《春秋》，天子之事也”，故曰“志”；而孝則士庶人之所得盡，故曰“行”。何休取兩語以序《春秋》，唐玄宗采兩語以弁《孝經》；蓋《春秋》“上本天道，中用王法，而下理人情”，（本孔廣森《春秋公羊經傳通義·敍》）補敝起廢，（本太史公《自序》）治之於已事之後，而《孝經》“始於事親，中於事君，而終於立身”，（《開宗明義章第一》）敦敬教愛，順之於未流之先。（“以順天下”語，見《開宗明義第一》《三才章第二》）《春秋》循名覈實，寬於賢賢，而峻以治不肖；《孝經》至德要道，仁以愛民，而本之事親。一挈法家之要，一弘儒者之教，而要其歸於“則天之明，因地之義”，（《三才章第七》）“因其行事而加吾王心”，則無乎不同！故曰“旁通《春秋》”也。

抑嘗讀《漢書·藝文志》之敍墨家者流曰：“養三老五更，是以兼愛。宗祀嚴父，是以右鬼。以考視天下，是以上同。”今按《孝經·三才章》曰：“先之以博愛而民莫遺其親。”“博愛”義與“兼愛”同，而“民莫遺其親”者，“孝”也。“先王知教之可以化民也，是故先之以博愛”，“而民莫遺其親，以同於上”，殆墨者“以孝視天下，是以上同”之說之所本矣！《天子章》曰：“愛親者不敢惡於人”，亦《墨子》言兼愛本於“欲人之愛利其親，故愛利人之親”之指也。《廣至德章》曰：“教以孝，所以敬天下之為人父者也；教以悌，所以敬天下之為人兄者也。”《釋文》引《鄭注》：“天子父事三老，兄事五更。”《白虎通德論》曰：“不臣三老五更者，欲率天下為人子弟。”此則墨者“養三老五更，是以兼愛”之說之張本矣！墨家者流，蓋清廟之守，“宗祀嚴父，是以右鬼”。今按《孝經・聖治章》曰：“孝莫大於嚴父，嚴父莫大於配天。昔者周公郊祀后稷以配天，宗祀文王於明堂以配上帝。”《感應章》曰：“宗廟致敬，不忘親也。修身慎行，恐辱先也。宗廟致敬，鬼神著矣！”亦墨者“宗祀嚴父，是以右鬼”之意（章炳麟《太炎文錄》卷一）。然自今日言之，罔不以為迷信者，而不知儒者雖不質言鬼神之有，而卒不忍斥言鬼神之不有，此正“聖人人倫之至”，而神道設教之微意也！何以言其然?《論語》：“祭如在，祭神如神在。子曰：‘吾不與祭，如不祭’！”蓋鬼神由於致敬而後著，曰“如在”者，非眞有在也。《禮・中庸》：“子曰：‘鬼神之德，其盛矣乎！視之而弗見，聽之而弗聞，體物而不可遺，使天下之人齊明盛服，以承祭祀。洋洋乎如在其上，如在其左右！《詩》曰：神之格思，不可度思，矧可射思！夫微之顯，誠之不可揜如此夫！’”故曰：“宗廟致敬，鬼神著矣！”“著”之為言，“微之顯”，“誠之不可揜”也。《禮・祭義》曰：“祭之日，思其居處，思其笑語，思其志意，思其所樂，思其所嗜；齊三日，乃見其所為齊者。祭之日，入室，僾然必有見乎其位；周旋出戶，肅然必有聞乎其容聲；出戶而聽，愾然必有聞乎歎息之聲。”“是故先王之孝也，色不忘乎目，聲不絕乎耳，心志嗜欲不忘乎心；致愛則存，致愨則著。”然則鬼神之著，由乎“致愨”也，故曰：“宗廟致敬，鬼神著矣！”又《祭義》稱宰我曰：“吾聞鬼神之名，不知其所謂?”子曰：“氣也者，神之盛，魄也者，鬼之盛也；合鬼與神，教之至也。衆生必死，死必歸土，此之謂鬼。骨肉斃於下，陰為野土；其氣發揚於上，為昭明焄蒿悽愴，（昭明，乃光景之屬，焄蒿，氣之感觸人者；悽愴，如《漢書》所稱“神君至，其風肅然”之意）此百物之精也，神之著也。因物之精，制為之極，命名鬼神以為黔首則；百衆以畏，萬民以服！聖人以是為未足也，築為宮室，設為宗祧，以別親疏遠邇，教民反古復始，不忘其所由生也；衆之服自此，故聽且速也。二端既立，報以二禮：建設朝事，燔燎羶薌，見以蕭光，以報氣也，此教衆反始也；薦黍稷，羞肝肺首心，覸以俠甒，加以鬱鬯，以報魄也。教民相愛，上下用情，禮之至也。故曰：宗廟致敬，不忘親也。”此“因親以教愛”，“聖人人倫之至”，而先王神道設教之微意。是墨子右鬼，孔子未嘗不右鬼也！乃近儒夏曾祐論孔墨之別，則曰：“喪禮者，墨子與孔子不同之大原也。儒家以君父為至尊無上之人，當一往不返之事；而孝又為政教全體之至綱，喪禮烏得而不重！墨子既欲節葬，必先明鬼；有鬼神，則身死猶有其不死者存，故喪可從殺”。（見所著《中國歷史》）不知墨子之言“節葬”，固與孔子“三年之喪”異；而言“明鬼”，則未嘗不與孔子“宗廟致敬”之旨同。《淮南子·要略訓》曰：“墨子學儒者之業，受孔子之術，以為其禮煩擾而不說，厚葬靡財而貧民，服傷生而害事，故背周道而用夏政。”此“節葬”所說，所以與《孝經·喪親章》義絕相反也！要之肇開墨學，於《孝經》一書有徵焉！

第三，權其時宜。孔子論共學適道，而要其終於可權；孟氏距楊朱、墨翟，而斥之曰無權。權也者，權其宜也。吾讀《孝經》言天子之孝、諸侯之孝、卿大夫之孝、士之孝，異其位者異其辭，為封建之世言之也。封建之世，天子世其天下，諸侯世其國，卿大夫士世其家；自人之始生，其尊卑貴賤之分已定矣。故卿大夫之孝，在私其土。卿大夫曰宗廟，士曰爵祿、曰祭祀，必世守之毋失，失則伍於民！孟子曰：“民為貴”，封建之世，烏覩其為貴也！秦廢封建，卿大夫、士之號為貴族者，以次夷為民，於是無卿大夫、無士。非無卿大夫也，卿大夫其暫，民其常也；非無士，士皆民也。於戲！卿大夫、士之不世及亦已久矣！而卿大夫仍欲保其卿大夫，士亦進而求卿大夫。問其說？曰："不若是，非孝也！"此聖人所不料也！

歷二千年以至民國，國且無君矣；非無君也，君其暫，民其常也。而鄉大夫欲保其卿大夫如故，士進而求卿大夫如故，曰："不若是，非孝也"。尤聖人所不料也！而於是有洪憲之禍！僭帝既仆，猶且不悛！今之從政，滔滔皆是！論其職責，是曰民傭；揆其心事，猶吾大夫也！於戲！天下之患，莫大於既民矣，乃不甘於為民！《孝經》不云乎："用天之道，因地之利，謹身節用以養父母，庶人之孝也。"（《庶人章第六》）誠甘於為民而力行之，充其量，必盡己之性，盡物之性；窺造化之祕，啓山海之藏，參贊化育，以蔚為國光；庶幾所謂"揚名於後世以顯父母，孝之終"者，（《開宗明義章第一》）寧曰異人任也！況在今日，民窮財盡，亦以耗矣！不若是，民且不自聊生，其何能國！卿大夫者，麗於國而有也，食於民而貴也。民不聊生，國且不國，卿大夫云乎哉！《記》有之曰："禮，時為大"；使孔子生今日而言教孝，吾知當在此而不在彼也！

上陳三事，[1] 彌綸羣言，咸有本末，匪同臆說。獨愧聞道苦晚，事父未能！昭德塞違，以俟君子。

[1] "上"原為"右"。——編者註

周易解題及其讀法

一、緒　論

“《易》《書》《詩》《禮》《樂》《春秋》六經，皆史也。”會稽章學誠倡焉，仁和龔自珍、餘杭章炳麟、錢唐張爾田推衍焉。然要非所論於《易》。何者？史以藏往，《易》以知來；史者所以記羣治之事爲，而《易》者所以籀羣治演化之大例者也。《尚書》記言，《春秋》記事，分隸左右史；《漢書·藝文志》曰：“左史記言，右史記事；事爲《春秋》，言爲《尚書》。”而《周禮》掌建邦之六典，太史所掌《士禮》十七，亦垂國典；殆後世通典、通攷之權輿，謂之史，可也。太史陳《詩》以觀民風，明王政之變；孟子曰：“《詩》亡然後《春秋》作”，雖不名史而麗於史焉，可也。獨是《易》之爲書也，明天之道，察民之故，“聖人有以見天下之賾，而擬諸其形容，象其物宜，是故謂之象；聖人有以見天下之動，而觀其會通，以行其典禮，繫辭焉以斷其吉凶，是故謂之爻。言天下之至賾而不可惡也；言天下之至動而不可亂也”。《繫辭上》帝王之言行，不屑記也；事爲之制度，不備載也；要以設卦觀象，開物成務，而冒天下之道，通天下之志焉；寧得以史概之乎？孔子知其然，曰：“神以知來，知以藏往”，《繫辭上傳》曰：“數往者順，知來者逆，是故《易》逆數也”，說卦“夫《易》，彰往而察來”。《繫辭下傳》史之記在藏往，知之事也；《易》之用以知來，《神之事也》。《循其故迹之謂順》，《推其未然之謂逆》；《此《易》與史之辨也》。太史公知其然，曰：“《易》著天地陰陽、四時五行，故長於變；《書》記先王之事，故長於政；《詩》記山川谿谷、禽獸草木、牝牡雌雄，故長於風。”《史記·自序》於《書》《詩》曰記，於《易》曰著；記者，據事而直書，史家載筆之大法；著者，本隱而之顯，易道前民之妙用，此《易》與史之辨也。

夫史之記事也，顯而可觀，而易之爲道，則玄而難明！英哲家斯賓塞爾曰：“民之察理也，常易其專顯而難其渾玄。專顯者，物必某物，人必某人，既耳目所可加，亦心思所易附者也；渾玄者，會通衆事，不一不拘，類異取同，言足統物者也。喜專惡渾之心習，見於野蠻爲最多。及其文明，猶未能去，故家童里兒，每樂翁媼爲言故事。而小說稗書，銷售必多。家居晨起，取閱報章，於所記之獄訟盜賊、宮闈起居、死亡生育、嫁娶離異，皆所饜觀，未嘗嫌瑣。入五家之闠，其道路偶語，風過微聞，爾汝我他，累用不絕，大都鄙近人事已耳。人情之爲學也，常樂其淺易而憚其艱深。彼以爲求史學於紀傳之中，則窮理之與娛樂，可並行而不背，神思所寄，既樂於毛舉；乃近觀古人嵬瑣之迹，卽有以知教化世運之所以隆污；事之易爲，孰逾此者，其神識之凡近，與村嫗竈養無殊也。吾聞乍遇生人，欲測其心量之廣狹者，術莫便於較其語次所用專名與所用公名多寡之比。大抵用會通之語多者，其爲人必經學問；用專指之名眾者，其人神識不越下中。蓋人心之於事物，能違其凌雜而得其貫通者寡矣”見嚴復譯《羣學肄言·倡學篇》“夫象數之理，縱極幽玄，其所據之今有，必先周知；其用事之物，亦有限域。獨至羣國，一事之本原流變，往往迎不見首，從不見尻，其今有既不周知，用事之物又常無限，其曼衍蕃變之情，皆象數所無有。”見嚴復譯《羣學肄言·砭愚篇》於戲！此《易》“開物成務，冒天下之道”之所以爲“極深而研幾”也！寂然不動，感而遂通，非天下之至神，其孰能與於此哉！

余十年讀《易》，未闚蘊奧，爰當啓蒙而述是篇。

二、“周易”二字解題

古《易》有三：神農曰《連山》，黃帝曰《歸藏》，（孔穎達《論三代易名》曰：“杜子春云：‘《連山》，伏羲；《歸藏》，黃帝’。”案《世譜》等群書，“神農”一曰“連山氏”，亦曰“烈山氏”；“黃帝”曰“歸藏氏”。），文王曰《周易》；厥爲後學儒、道墨三者分家之所本也。道家宗老子，而實源出黃帝。如僞列子引《黃帝書》曰“谷神不死，是謂玄牝；玄牝之門，是謂天地根”四語，見老子書。而老子書好以陰性爲喻，言“歸”言“閉”；如曰“萬物之母”，曰“玄牝”，曰“知雄守雌”，曰“常德乃足，復歸於樸”，曰“塞其兌，閉其門”，曰“用其光復歸其明”，與《周易》之“扶陽抑陰”而有以“見天下之動”者不同，疑出《歸藏》義也。墨者出於禹而實濫觴於神農。孟子有爲神農之言者許行，主並耕之說，亦墨子尚同之指也。儒家者流，集大成於孔子。孔子曰：“文王既沒，文不在茲乎”；而以斯文未喪爲己任。則孔子固自承爲繼文王者者也。故儒家之學，出於《周易》；道家之學，出於《歸藏》；墨家之學，出於《連山》。道、墨書佚，獨行《周易》。

所謂“易”者何也？曰：“易”之爲言“變”也，《繫辭》明著之矣：“易窮則變，變則通，通則久，是以自天祐之，吉无不利。”（繫辭下）然則非明“變”不足以盡“易”。“在天成象，在地成形，變化見矣。是故剛柔相摩，八卦相盪，鼓之以雷霆，潤之以風雨，日月運行，一寒一暑。”（《繫辭上》）此天地自然之變也。“天地變化，聖人效之。”（《繫辭上》）“八卦成列，象在其中矣；因而重之，爻在其中矣；繫辭焉而命之，動在其中矣。吉凶悔吝者，生乎動者也；剛柔者，立本者也；變通者，趣時者也；吉凶者，貞勝者也。天地之道，貞觀者也；日月之道，貞明者也；天下之動，貞夫一者也。”《繫辭下》此易道擬象天地自然之變也。故曰：“易者，象也，象也者，像也；”《繫辭下》“聖人有以見天下之賾，而擬諸其形容，象其物宜，是故謂之象。”《繫辭上》“是以明於天之道而察於民之故。”《繫辭上》曰：“乾坤其易之藴耶？乾坤成列而易立乎其中矣。乾坤毁，則無以見易。易不可見，則乾坤或幾乎息矣！”《繫辭上》“是故闔戶謂之坤，闢戶謂之乾；一闔一闢謂之變，往來不窮謂之通。見乃謂之象，形乃謂之器，制而用之謂之法。”《繫辭上》“舉而措之天下之民，謂之事業。”《繫辭上》“極天下之賾者存乎卦，鼓天下之動者存乎辭。”《繫辭上》“爻也者，效天下之動者也。”《繫辭下》夫非象變，不足以明易；而非效動，不足以通變。孔穎達《論易名》曰：“易者，變化之總名，改換之殊稱。自天地開闢，陰陽運行，寒暑迭來，日月更出；孚萌庶類，亭毒羣品，新新不停，生生相續；莫非資變化之力，換代之功。然變化運行，在陰陽二氣，故聖人初畫八卦，设剛柔二畫，象二氣也；布以三位，象三才也。以文王所演故謂之《周易》，其猶《周書》《周禮》題周以别餘代。”其所以論“易”者是，而言“周”則非也，不知“周”之爲言“周帀”也，“周而復始”也。

謂之“易”者，所以明世道窮變通久之必然，而繫以“周”者，所以明世變剝復循環之有常；義取相資，寧以代名。孔穎達引鄭玄《易贊》及《易論》云：“夏曰《連山》，殷曰《歸藏》，周曰《周易》。《連山》者，象山之出雲，連連不絕。《歸藏》者，萬物莫不歸藏於其中。《周易》者，言易道周普，无所不備。”是鄭玄不以“周”爲代名。而《周禮》春官太卜掌三卜之法：一曰《連山》，二曰《歸藏》，三曰《周易》。鄭玄注：“《連山》，似山出內氣也。《歸藏》者，萬物莫不歸而藏於其中。”贾公彦疏：“《連山易》，其卦以純艮爲首。艮爲山，山上山下，是名‘連山’；雲氣出內於山，故名《易》爲《連山》。《歸藏易》以純坤爲首。坤爲地，故萬物莫不歸而藏於其中，故名《易》爲《歸藏》也。鄭雖不解《周易》，其名《周易》者，《連山》《歸藏》，不言地號，以義名《易》，則周非地號。以《周易》以純乾爲首，乾爲天，又能周匝於四時，故名《易》爲《周易》也。”是賈亦不以“周”爲代名，而釋“周”爲“周帀”；抉經之心，執聖之權，蓋視鄭指尤諦審焉。

然“周”之爲言“周帀”也，“周而復始”也，非賈君後起之義，而孔子繫《易》以來授受之微言大義也。何以明其然？按孔子繫《泰》之九三，曰：“无平不陂，无往不復”，彖復見天地之心；而作《序卦》以序六十四卦相次之義：泰之受以否也，剝之窮以復也，損而不已必益，升而不已必困，如此之類，原始要終，罔不根極於復，所以深明易道之“周”也。其見義於《繫辭下》者曰：“易之爲書也不可遠，爲道也屢遷；變動不居，周流六虛，上下无常，剛柔相易，不可為典要，惟變所適。”斯尤明稱《易》道變動之“周流六虛”焉。孔穎達疏：“周流六虛者，言陰陽周徧流動在六位之虛；六位言虛，位本無體，因爻始見，故稱虛。”《說卦》曰：“分陰分陽，迭用柔剛，故易六位而成章”；正與《繫辭傳》“周流六虛”之說相發明。“分陰分陽”以位言：凡卦初三五位爲陽，二四上位爲陰；自初至上，陰陽各半，故曰“分”。“迭用柔剛”以爻言：柔謂六，剛謂九也。位之陽者，剛居之，柔亦居之；位之陰者，柔居之，剛亦居之。或柔或剛，更相爲用，故曰：“迭”。位之陰陽相間，則分布一定；爻之柔剛不同，則迭用以居，《繫辭下》所謂

“周流六虛，上下无常”也。“周”有原始反終之義；而《周易》以純乾爲首。“乾，健也，爲天。天行不息，周天三百六十五度四分度之一；一日一夜，行一周，復其故虛，日東行一度。”姚配中《周易姚氏學·乾象》曰：“天行健案。”乾道之變，天行之復也。孔子之象《乾》曰：“大明終始，六位時成。”夫《乾象》之所謂“大明終始，六位時成”，卽《繫辭傳》之所謂“周流六虛”也。不曰“大明始終”而曰“終始”者，蓋日月運行，原始反終；天行之周，必復其始焉。孔穎達疏：天行健者，謂天體之行，晝夜不息，周而復始，无時虧缺，故曰“天行健”，似亦闚見此指。《繫辭上》曰：“剛柔相推而生變化。變化者，進退之象也；剛柔者，晝夜之象也。”天行之周，晝夜迭運；《易》道之周，剛柔相易。成象之謂乾，效法之謂坤。《繫辭上》曰：“易與天地準，故能彌綸天地之道。仰以觀於天文，俯以察於地理，是故知幽明之故；原始反終，故知死生之說；精氣爲物，遊魂爲變，是故知鬼神之情狀。與天地相似，故不違；知周乎萬物而道濟天下，故不過；旁行而不流，樂天知命，故不憂；安土敦乎仁，故能愛。範圍天地之化而不過，曲成萬物而不遺，通乎晝夜之道而知。”所謂“知”者何也？曰：“知幽明之故原始反終”也。孔穎達疏：“晝則明也，夜則幽也。”通乎晝夜之道而知幽明之故，原始反終，卽知易道之周與天地準矣。

“日月運行，一寒一暑。”《繫辭上》“日往則月來，月往則日來，日月相推而明生焉。寒往則暑來，暑往則寒來，寒暑相推而歲成焉。”《繫辭下》此天行之周也。“是故法象莫大乎天地，變通莫大乎四時。”《繫辭上》“萬物出乎震，震，東方之卦也；❶ 齊乎巽，巽，東南也。齊也者，言萬

❶ 今本、《說卦》無“之卦”二字，見《十三經注疏》，第94頁。——編者註

物之潔齊也。離也者，明也，萬物皆相見，南方之卦也；聖人南面而聽天下，嚮明而治，蓋取諸此也。坤也者，地也，萬物皆致養焉，故曰'致役乎坤'。兌，正秋也，萬物之所說也，故曰'說言乎兌'。戰乎乾，乾，西北之卦也，言陰陽相薄也。坎者，水也，正北方之卦也，勞卦也，萬物之所歸也，故曰'勞乎坎'。艮，東北之卦也，萬物之所成終而成始也，[1] 故曰'成言乎艮'。"《說卦》凡此之類，胥以明易道之屢遷，象晝夜四時之周而必復其始焉。此題《易》之所爲冠以"周"歟？

[1] 今本、"成始"前有一"所"字，見《十三經注疏》，第 94 頁。——編者註

三、《周易》之作者

考《周易》作者，孔穎達《論重卦之人》及《卦辭爻辭誰作》云：“《易》歷三聖。伏羲既畫八卦，卽自重爲六十四卦。《采王弼說》文王作《卦辭》，周公作《爻辭》，《采馬融、陸績等說》”孔子作《十翼》。所以只言三聖，不數周公者，以父統子業故也。”自東漢後起之說耳！若東漢以前，儒者皆言伏羲畫卦、文王重卦、孔子繫辭，更無異說。《繫辭下》曰：“古者庖犧氏之王天下，仰則觀象於天，俯則觀法於地，觀鳥獸之文與地之宜，近取諸身，遠取諸物，於是始作八卦，以通神明之德，以類萬物之情。”衹言庖犧作八卦，而不言重卦。《史記·太史公自序》曰：“伏羲至純厚，作《易》八卦。”《日者列傳》曰：“伏羲作八卦，周文王演三百八十四爻，而天下治。”《周本紀》曰：“西伯蓋卽位五十年。其囚羑里，蓋益《易》之八卦爲六十四卦。”《孔子世家》曰：“孔子晚而喜《易》，序、彖、繫、象、說卦、文言。”所謂“序”者，蓋序六十四卦先後之次。“彖”者斷也，象者像也；曰“彖、繫、象”者，謂斷一卦之義，明一卦之象，而繫辭於卦爻之下。今按《繫辭上》云：“聖人設卦觀象，繫辭焉以明吉凶。”又云：“聖人有以見天下之賾而觀其會通，以行其典禮；繫辭焉以斷其吉凶，是故謂之爻。”《繫辭下》云：“繫辭焉而命之，動在其中矣。”又云：“繫辭焉以益其言。”據此諸文，明是指卦爻辭，謂之繫辭。若謂《繫辭》上、下四處所云“繫辭”卽是今之《繫辭》，孔子不應屢自稱其所著之書，又自言其作辭之義，且不應自稱聖人。蓋繫辭卽卦辭、爻辭，乃孔子所作；而彖、象所以明繫辭之指。今之《繫辭》，乃繫辭之傳；孔子弟子所作以述傳《易》於夫子之言，屢稱“子曰，”必非出自孔子手筆。《太史公自序》引《易·繫辭》文：“天下一致而百慮，同歸而殊途”，爲《易大傳》。是有明證。凡孔子所作謂之經，弟子所作謂之傳。傳所云“聖人”乃孔子弟子作傳，稱孔子爲聖人，非孔子作《繫辭》，而稱文王、周公爲聖人也。《說卦》者，陳說八卦之德業、變化及法象所爲也，疑非孔子所作，而出弟子之所述，與《繫辭傳》同；而世家之有“說卦”二字爲衍文。孔子又以乾、坤，易之門戶，其餘諸卦及爻，皆從乾、坤而出，義理深奧，非《彖象》所盡，故特作《文言》以開釋之。《世家》以序、彖、象、說卦、文言與“繫”聯稱者，明卦辭、爻辭之“繫”與序、彖、象、說卦、文言同出孔子作矣。是太史公書稱伏羲畫卦、文王重卦、孔子繫辭也。

《太史公自序》稱父談受《易》於楊何，而《史記·儒林傳敍》自魯商瞿受《易》孔子傳六世，至齊人田何字子莊，而漢興。田何傳東武人王同子仲，子仲傳菑川楊何。言《易》者本於楊何之家，而楊何之學，傳自商瞿；史公之《易》，受之楊何，授受昭然。是史公書伏羲畫卦、文王重卦、孔子繫辭之說，亦必受之楊何而傳自商瞿者也。

《漢書·藝文志》刪自劉向父子之七略，其敍《易》曰：“《易》曰：‘宓戱氏仰觀象於天，俯觀法於地，觀鳥獸之文與地之宜，近取諸身，遠取諸物，於是始作八卦以通神明之德，以類萬物之情。’至於殷周之際，紂在上位，逆天暴物。文王以諸侯順命而行道，天人之占，可得而效，於是重《易》六爻，作上、下篇。孔氏爲之《彖、象、繫辭、文言、序卦》之屬十篇。故曰：‘《易》道深矣！人更三聖，世歷三古。’”蓋卦、爻分畫於羲、文，繫辭焉而命之則始於孔子，如此則與“三聖”“三古”之說相合。而揚雄作《太玄》，客有難《玄》太深，衆人之不好也，乃解難曰：“宓犧氏之作《易》也，綿絡天地，經以八卦；文王附六爻，孔子錯其象而彖其辭，然後發天地之藏，定萬物之基”。亦不言宓犧重卦，文王繫辭。揚子《法言·問神篇》曰：“《易》始八卦，而文王六十四，其益可知也。”《問明篇》曰：“文王，淵懿也。重《易》六爻，不亦淵乎？”《論衡·對作篇》曰：“《易》言伏羲作八卦，前是未有八卦，伏羲造之，故曰‘作’也。文王圖八自演爲六十四，故曰‘演’。”《正説篇》曰：“伏羲得八卦，非‘作’之；文王得成六十四，非‘演’也。”是揚子《法言》及王充，亦謂伏羲畫卦，文王重卦也。然則東漢以前，更無伏羲重卦、文王繫辭之說，而越世縣邈，所聞異辭；惟古說爲可傳信，以近古而見聞較真也。爰備著之以糾孔氏之違焉。

四、《周易》見於先秦諸子之引説

《禮記·王制》:“樂正崇四術,立四教,順先王詩書禮樂以造士。春秋教以禮樂,冬夏教以詩書。”而不及《易》者,則以《易》未經孔子之繫辭,但有卦爻而無解説,故不可與詩書禮樂並垂爲教;當時但以爲卜筮之書而已。至孔子爲之《彖》《象》《繫辭》《文言》《序卦》之屬十篇,闡明其義理,推合於人事,於是《易》道迺著。而稽之先秦諸子,其引《易》有與孔子相發明者:或論作《易》之大旨,或明學《易》之大用,或援《易》以明例,或引《易》以決事。

如《吕氏春秋·仲夏紀·大樂篇》曰:“太一出兩儀,兩儀出陰陽。陰陽變化,一上一下,合而成章。渾渾沌沌,離則復合,合則復離,是謂天常。天地車輪,終則復始,極則復反,莫不咸當。日月星辰,或疾或徐,日月不同以盡其行;四時代興,或暑或寒,或短或長,或柔或剛。萬物所出,造於太一,化於陰陽。”所謂“太一”者,“太極”也。“《易》有太極,是生兩儀”;“剛柔相摩,八卦相盪,鼓之以雷霆,潤之以風雨。日月運行,一寒一暑;乾道成男,坤道成女”;“天地絪緼,萬物化醇。男女構精,萬物化生”;著於《繫辭傳》者,豈非《吕氏》所稱“萬物之出,造於太一,化於陰陽”者乎?《吕氏》又稱:“天地車輪,終則復始,極則復反,莫不咸當"；豈非《易》所稱"復見天地之心"而欲以明易道之出於周者乎？其言作《易》之大指，有如此者。

《荀子·大略篇》曰："善爲《易》者不占。"《荀子》此言，深以挽用《易》之失也。當時學者用《易》，專爲占卜，故暴秦焚書，而《易》獨以卜筮存。殊不思《易》之道與天地準，可以知幽明之故，可以知死生之說，可以知鬼神之情狀。凡天地之消長，人事之得失，罔不彌綸，寧祇卜筮之書而已！故曰"善爲《易》者不占"，所以明學《易》之大用別有在也。又云："《易》之《咸》，見夫婦之道，不可不正也，君臣父子之本。咸，感也，以高下下，以男下女；柔上而剛下，聘士之義，親迎之道，重始也。"此本孔子《大象》序卦之指，引而申之，觸類而長之，天下之能事畢。《易》非專爲卜筮作，於此可見。其言學《易》之大用，有如此者。

《荀子·非相篇》曰："好其實，不恤其文，是以終身不免埤污庸俗。故《易》曰：'括囊无咎无譽'，腐儒之謂也。"此釋䷁《坤》六四爻辭。囊以盛物，故曰"好其實"。括之者，"不恤其文"也。《文言傳》曰："天地閉，賢人隱。"《春秋左氏傳》曰："身將隱，焉用文之！"此乃介之推甘心蜚遯，視社會、國家如弁髦；較之直方而德不孤，含章而發以時者，迥不及矣！故目之曰"腐儒"。"无咎无譽"，與䷛《大過》九五枯楊同辭，非吉占也，故曰"不免於埤污庸俗"。《史記·范雎蔡澤列傳》載蔡澤說應侯引《易》曰："亢龍有悔"，而釋䷀《乾》上九之爻辭，言上而不能下，信而不能屈，往而不能自反者也。《國策·楚策》載黃歇說秦昭王引《易》曰："狐濡其尾"，而釋䷿《未濟》卦辭，言始之易，終之難也。皆援《易》以決事。

至《荀子·大略篇》曰："'復自道，何其咎'，以爲能變也。"

《呂氏春秋·有始覽·務本篇》亦引而申之曰："以言本無異，則動卒有喜。"此釋䷈《小畜》初九爻辭。《荀子》言變，《呂覽》言動，皆取䷗《復卦》剛反之義。凡易卦中有舉他卦名者，皆取義於彼卦，如䷱《鼎》九三言"鼎革"，卽取《鼎》䷰《革》反對之象，䷊《泰》六五言歸妹之祉，卽取䷵《歸妹》六五袂良之義。《易》之通例如此。乾爲天，天道轉圜，周匝復始，動而復下，非有異轍，故曰"復自道"。凡六爻，上爲末，初爲本。云"本無異"者，明初之復道乃自道也。《呂氏春秋·愼大覽·愼大篇》引《易》"愬愬履虎尾終吉"，尤可證今本䷉《履》九四"履虎尾愬愬終吉"之倒譌。象曰"愬愬終吉"，與䷊《泰》九二象曰"包荒得尚於中行"文法相同；舉首尾以賅中，爻之象曰有是例也。而《恃君覽·召類篇》引史默說《渙》羣之義，尤得《易》道之大；其言曰："渙者賢也，羣者衆也；元者，吉之始也。渙其羣元吉者，其佐多賢也"。此釋䷺《渙》六四爻詞。卦名渙者，取文章分布之象。大《象》曰："風行水上，渙"，謂水之融液而成文也。渙者賢也，羣者衆也，謂所分布者皆衆賢也；分布衆賢，邦家之光也。下又云"渙有邱"；四邑曰邱，謂其所分布者，又祿之以大邑也。五"渙汗其大號"，謂下求賢之詔也；二"渙奔其机"，謂羣賢之駿奔走也；三"渙其躬"，謂布其腹心之臣也。❶"渙汗"，謂宣布陽氣；"渙血"，謂宣布陰精。凡人陰陽表裏，鬱結不通而成病，猶上下閉塞不通而成否。渙汗則邪解，渙血則邪去，猶國用賢人以通下情，則邪慝自除也。注家以渙爲離散不美之稱，全卦之例皆失！元吉與大吉異：元吉以德言，大吉以時言。《乾》象曰："大哉乾元，萬物資始"；《文言》曰："乾

❶ 三句中之"五""二""三"為今本、"九五""九二""六三"之省。——編者註

元者，始而亨者也”；故曰“元吉者，吉之始。”舊解“元吉”爲大吉，全《易》之例皆失。當以史默之説，匡後來注家之違；斯又可援以明《易》例者也。

先秦諸子引説《易》文，卓有名理，大率稱此。雖不言受《易》孔子，而按其引辭，則孔子之所繫；籀其稱説，亦揆之孔子《彖》《象》《繫辭》之全體大例，若合符節者也。特舉而申之以明其凡云。

五、漢以後《周易》之學者及其解説

孔子以《詩》《書》《禮》《樂》教弟子，蓋三千焉，而受《易》者獨稱商瞿！商瞿，魯人，字子木，少孔子二十九歲。孔子傳《易》於瞿，瞿傳魯人橋庇子庸，子庸傳江東馯臂子弓，子弓傳燕周醜子家，子家傳東武孫虞子乘，子乘傳齊田何子裝。《史記·仲尼弟子列傳》曰："瞿傳楚人馯臂子弘，弘傳江東人矯子庸疵，疵傳燕人周子家豎，豎傳淳于人光子乘羽，羽傳齊人田子莊何。"及秦禁學，《易》爲筮卜之書，獨不禁，傳受者不絕也。漢興，田何以齊田徙杜陵，號杜田生，傳東武王同子中；洛陽周王孫、丁寬、齊服生，皆著《易傳》。而王氏、周氏、服氏各二篇，獨丁氏八篇，見《漢書·藝文志》。要言《易》者本之丁寬。寬，字子襄，梁人也。初，梁項生從田何受《易》，時寬爲項生從者，讀《易》精敏，材過項生，遂事何。學成，何謝寬，寬東歸。何謂門人曰："《易》以東矣！"寬至雒陽，復從周王孫受古義，號《周氏傳》。景帝時，爲梁孝王將軍，距吳、楚，號丁將軍。作《易説》三萬言，訓故舉大義而已，不言陰陽災變也。寬傳同郡碭田王孫，王孫傳施讎、孟喜、梁邱賀，由是《易》有施、孟、梁邱之學焉。

施讎，字長卿，沛人也，與孟喜、梁邱賀從田王孫受《易》；謙讓，常稱學廢，不教授。及梁邱賀貴仕，事多，迺遣子臨分將門人河內張禹子文等從讎問。讎自匿不肯見，賀固請；不得已，乃授臨等。

於是賀薦讎結髮事師數十年，賀不能及！詔拜博士，與五經諸儒雜論同異於石渠閣。讎傳張禹及琅邪魯伯；禹傳淮陽彭宣子佩、沛戴崇子平，魯伯傳太山毛莫如少路、琅邪邴丹曼容。而禹官丞相，宣官大司空，皆至大官，其知名者也。由是施家有張、彭之學。

梁邱賀，字長翁，琅邪諸人也，從大中大夫京房受《易》。房者，淄川楊何叔元弟子也。何者，嘗受《易》東武王同子中，有《易傳》二篇，見《漢書·藝文志》，蓋《易》家之初立博士者。太史公司馬談及京房咸從受《易》焉。房出爲齊郡太守，賀更事田王孫。宣帝時，聞京房爲《易》，明求其門人，得賀，以爲郎。以筮有應，近幸，累官少府；傳子臨。臨又學於施讎，而專行京房法；以郎奉使，問諸儒於石渠。琅邪王吉通五經，聞臨說，善之，乃使其子郎中駿上疏從臨受《易》。臨傳五鹿充宗君孟。充宗官少府，貴幸，爲《梁邱易》。自宣帝時，善梁邱賀說。元帝好之，欲考其異同，令充宗與諸《易》家論。充宗乘貴辨口，諸儒莫能與抗，皆稱疾不敢！獨魯朱雲遊從博士白子友受《易》，攝齊登堂，抗首而請，音動左右；既論難，連拄五鹿君，故諸儒爲之語曰："五鹿嶽嶽，朱雲折其角!"然不詳誰家。而五鹿充宗《略說》三篇，見《漢書·藝文志》。充宗傳光祿大夫平陵士孫張仲方、真定太守沛鄧彭祖子夏、王莽講學大夫齊衡咸張賓，由是梁邱有士孫、鄧、衡之學。

孟喜，字長卿，東海蘭陵人也，從田王孫受《易》；傳《易》家候陰陽災變書，言"師田生且死時，枕喜膝，獨傳喜!"蓋十二月卦之學所自出焉，諸儒以此耀之！同門梁邱賀疏通、證明之曰："田生絕於施讎手中，時喜歸東海，安得此事?"於是傳者以爲喜誕詐也！又蜀人趙賓好小數書，後爲《易飾易文》，以爲："箕子明夷，陰陽氣亡箕子。箕子者，萬物方荄茲也"。賓持論巧慧，《易》家不能難，皆曰："非古法也！"云受孟喜，喜爲名之！後賓死，莫能持其說；喜因不肯仞，以此不見信！博士缺，衆人薦喜；上聞喜改師法，遂不用喜。喜傳同郡白光少子沛、翟牧子兄，皆爲博士，由是孟喜有翟、白之學。孟喜之學，雖與施、梁邱不同，然要爲田王孫之所自出，獨京房之《易》爲別出！

京房，字君明，東郡頓邱人也，累官魏郡太守，蓋匪傳梁邱賀《易》之齊郡太守京房；治《易》，事梁人焦延壽贛。延壽云："嘗從孟喜問《易》。"會喜死，房以爲延壽《易》，卽孟氏學；翟牧、白光不肯，皆曰"非也！"至成帝時，光祿大夫劉向校經傳諸子，考《易》說，以爲："諸家《易》說，皆祖田何。楊叔、丁將軍大誼略同，惟京氏爲異！倘焦延壽獨得隱士之說，托之孟氏，故不與相同"。然考孟喜受學田王孫，言師田生且死、傳喜之《易》家候陰陽災變之書，或者即延壽之所本也。延壽著《易林》十六卷，大抵卽《易》家候陰陽災變書。以一卦演六十四卦，總四千九十六卦，各繫以繇詞，文句古奥，與《左氏傳》載"鳳皇于飛，和鳴鏘鏘"《漢書》載"大橫庚庚，予爲天王"之語絕相類。惟延壽生當昭宣之世，其時左氏未立學官，今《易林》引《左氏》語甚多，又往往用《漢書》中事；至云："劉季發怒，命滅子嬰"，又曰："大蛇當路，使季畏懼"，寧漢人所宜言者耶？疑是東漢以後人撰而托之延壽者。然漢《易》之流爲術數，自延壽始也。顧延壽常曰："得我道以亡身者，京生也！"其說長於災變，分六十四卦更直日用事，以風雨寒溫爲候，各有占驗。房傳延壽之學，故言術數者稱焦京。而房之推衍災祥，更精於延壽，卒以誅死！其著書見於《漢書·藝文志》《隋書·經籍志》者，有《孟氏京房》十一篇，《災異孟氏京房》六十六篇，《京氏段嘉》十二篇，《章句》十卷，《占候十種》七十三卷，唐以後多佚不傳。今傳者，曰《京氏積算易傳》三卷。其書兆乾坤之二，觀象成八卦，卦凡八變六十有四。於其往來升降之際，以消息盈虛於天地之元，而酬酢乎萬物之表者，炳然在目也！大抵辨三易，運五行，正四時，謹二十四氣，悉七十二候，而位五星，降二十八宿；其進退以幾而爲一卦之主者，謂之世。奇耦相與，據一以超二，而爲主之相者，謂之應。世之所謂位而陰陽之肆者，謂之飛。陰陽肇乎所配，乾與坤、震與巽、坎與離、艮與兑而終不脱乎本，以飛某卦之位、乃伏某宫之位以隱賾佐神明者，謂之伏。起乎世而周乎內外，參乎本數以紀月者，謂之建終。終始極乎數，而不可窮，以紀日者，謂之積含。於中而以四爲用。一卦備四卦者，謂之互乾。建甲子於初坤，建甲午於上八卦之上，乃生一世之初。初一世之五位，乃分而爲五世之位；其五世之上，乃爲遊魂之世；五世之初，乃爲歸魂之世；而歸魂之初，乃生後卦之初。其建，剛日則節氣，柔日則中氣；其數，虛則二十有八，盈則三十有六。蓋後世術士所用世應、飛伏、遊魂、歸魂、納甲之説，皆出京房。房傳東海殷嘉、河東姚平、河南乘弘，皆爲郎、博士，由是《易》有京氏之學。京氏《易》於元帝之世，與施孟、梁邱氏並列學官，而民間有費、高二家之説。

費、高者，費直、高相也。費直，字長翁，東萊人，治《易》，長於卦筮，亡章句，徒以《彖》《象》《繫辭》十篇、《文言》解説上下《經》。然劉向以中古文《易經》校施孟、梁邱《易》，或脱去“无咎悔亡”，唯費直《易》與古文同。自是，費直《易》號古文之學，與施孟、梁邱之稱今文者不同。高相，沛人也，治《易》，與費直同時，專説陰陽災異，自言出於丁將軍；其學亦無章句。而施孟、梁邱氏各有章句二篇，見《漢書·藝文志》。

既，炎漢祚絶，世祖重光，好愛經術，儒彥雲從，於是立五經博士。《易》有施孟、梁邱、京氏，各以家法教授，而京氏之《易》極盛焉！

蓋東漢之世，治施氏《易》有聞者，僅陳留劉昆父子而已！昆，字桓公，平帝時，受施氏《易》於沛人戴賓能。王莽世，教授弟子，恆五百餘人。世祖興，累官光祿勳，授皇太子及諸王小侯五十餘人。傳子軼，字君文，能世其學，門徒亦盛！然知名之士無聞焉！此治施氏《易》者也。

治梁邱《易》者，曰：代郡范升辨卿與博士梁恭、山陽太守呂羌俱修梁邱《易》。世祖徵拜議郎、遷博士，自以學不如梁恭、呂羌，願推博士以避二人。世祖不許，然由是重之！尚書令韓歆疏請爲費氏《易》《左氏春秋》立博士。詔范博士可前平說，遂與歆等駁難，日中乃罷。升退而奏曰："近有司請置京氏《易》博士，羣下執事莫能據正。京氏既立，費氏怨望。京、費已行，次復高氏；並復求立，各有所執。今費氏學，無有本師，而多反異！先帝前世有疑於此，故京氏雖立，輒復見廢。疑道不可由！疑事不可行！"費氏《易》以此不得立博士！而升弟子知名者，曰京兆楊政子行，少從升受梁邱《易》，善說經書。京師爲之語曰："說經鏗鏗楊子行！"教授數百人，累官左中郎將。又有潁川張興君上者，習梁邱《易》以教授；世祖興，舉孝廉，爲郎，累拜太子少傅。顯宗數訪問經術，既而聲稱著聞，弟子自遠至者，著錄且萬人，爲梁邱家宗。時則中興之初，而三君之外，終東漢，治梁邱《易》者無聞！

治孟氏《易》者，曰：南陽洼丹子玉，世傳孟氏《易》。王莽時，常避世教授，專志不仕，徒衆數百人。世祖興，爲博士，稍遷，爲大鴻臚。作《易通論》七篇，世號《洼君通》。安定梁竦叔敬、中山鮭陽鴻孟孫亦以孟氏《易》教授有名稱。汝南袁安邵公者，祖父良習孟氏《易》；安傳其學。肅宗之世，累拜司徒，以直節著聞於朝；子京，字仲譽。敬字叔平，傳習父業。而京作《難記》三十萬言，其尤知名者也。東漢之末，有廣漢任安定祖者，少遊太學，受孟氏《易》，兼通數經；又從同郡楊厚學圖讖，究極其術。時人稱曰："居今行古任定祖！"初仕州郡，後太尉再辟，除博士，公車徵，皆不就。益州牧劉焉表薦之，然王塗阻塞，詔命竟不至焉！

治京氏《易》者最多，大抵世祖之世，曰汝南戴憑次仲、沛獻王輔；顯宗之世，曰南陽魏滿叔牙；恭宗之世，曰琢郡崔瑗子玉、廣漢折像伯式、北海郎宗仲綏、南陽樊英季齊、李昌子然、豫章唐檀子產；順帝之世，曰北海郎顗雅光、汝南許峻季山；桓帝之世，曰弘農劉寬文饒、濟陰孫期仲彧；皆有名。而樊英著《易章句》，世稱樊氏學。唐檀著書二十八篇，名爲《唐子》。許峻卜占，多有顯驗，時人方之前世京房；所著《易林》行於世，或者卽焦氏《易林》之所譌也。世之言占候者，率治京氏焉。

夷考光武之世，劉昆之傳施氏、范升之明梁邱、洼丹之通孟氏、戴憑之說京氏，皆譚《易》之宗、時主所重！獨蒼梧陳元長孫、河南鄭衆仲師皆傳費氏《易》。其後，扶風馬融季長亦爲其傳。融授北海鄭玄康成。玄初從第五元先受京氏《易》，又從融受費氏《易》，故其學出入於兩家；然要其大旨，費義居多，而謂"乾坤六爻，上繫二十八宿，依氣而應，謂之爻辰"，則費氏《易》之所無也。然玄又喜言十二消息卦，則其說出於孔門。《繫辭傳》云："往者屈，來者信""原始反終，通乎晝夜之道"，蓋言消息者之所本也。同時潁川荀爽慈明以碩儒作《易傳》，據爻象承應陰陽變化之義，以十篇之文，解說經意，亦宗費氏而言消息。自是，費氏興而京氏遂衰！馬融有《周易注》一卷，鄭玄有《周易注》九卷，荀爽有《周易注》十一卷，見《隋書·經籍志》。

蓋漢之言《易》學者，楊何最先立博士，然最早衰！至東漢之興，京氏《易》後來居上，而施、孟、梁邱三家先後衰！費氏興，而京氏亦衰！其大較然也。

東漢之末，荊州牧山陽劉表景升亦有《周易章句》五卷，見《隋書·經籍志》。而表之學，實受於同郡王暢叔茂。暢之孫曰粲者，遭漢亂，與族兄凱俱避地荊州。劉表欲以女妻粲，而嫌其形陋用率；以凱有風貌，乃以妻凱。凱生業，卽劉表外孫也；有子曰弼字輔嗣，幼而察惠，蓋以注《易》著聞魏朝，凡《易注》六卷，《易略例》一卷。自鄭玄傳費直之學，始析《易傳》以附《經》，至弼又更定之。玄本大約如今之乾卦；其坤卦以下，又弼所割裂。然鄭玄《易注》，至北宋尚存一卷，《崇文總目》稱存者爲《文言》《說卦》《序卦》《雜卦》四篇。則玄本尚以《文言》自爲一傳；所割以附《經》者，不過《彖傳》《象傳》。今本乾坤二卦各附《文言》，知全經皆弼所更定，非鄭玄之舊也。弼之說《易》，稱出費直。直《易》今不可見，然荀爽《易》卽費氏學。唐李鼎祚《周易集解》尚頗載其遺說，大抵究爻位之上下，辨卦德之剛柔，已與弼注略近；但弼全廢象數，又變本加厲。平心而論，《易》本卜筮之書，故末派寖流於讖緯，王弼乘其極敝而攻之，遂能排擊漢儒，自標新學；然闡明義理，使《易》不雜於術數者，弼實不爲無功，而祖尚虛無，使《易》竟入於老莊者，弼亦不能無過。瑕瑜不掩，斯爲定評！

魏朝之明《易》者，王弼而外，司徒東海王朗景興嘗著《易傳》，子肅子雍因撰定成《周易注》十卷；《隋書·經籍志》所著錄，是也。然肅善馬融之學而不好鄭玄。時樂安孫炎叔然，則受學鄭玄之門人，稱東州大儒，作《周易例》。肅作《聖證論》以譏短玄，炎駁而釋焉。然馬、鄭不同，要其言《易》本之費氏，獨平原管輅公明善筮卦風角之占，或者本之京氏。据管辰敏稱：“每觀輅書傳，惟有易林風角……；昔京房雖善卜及風律之占……世人多以輅疇之京房。”見裴松之《三國志》本傳注引輅別傳南陽何晏平叔請共論《易》，曰：“君論陰陽，此世無雙！”時鄧颺玄茂在晏許，言：“君見謂善《易》，而語初不及《易》中辭義，何故也？”輅尋聲答之曰：“夫善《易》者，不論《易》也。”晏含笑而讚之，曰：“可謂要言不煩也！”魏之《易》博士曰淳于俊，魏帝高貴鄉公常就問《易》焉。凡問三事。其一事曰：“孔子作《彖》《象》，鄭玄作《注》，雖聖、賢不同，其所釋《經》義一也。今《彖》《象》不與《經》文相連而《注》連之，何也？”俊對曰：“鄭玄合《彖》《象》於《經》，欲使學者尋省易了也。”帝曰：“若鄭玄合之，於義誠便，則孔子曷爲不合以了學者乎？”俊對曰：“孔子恐其與文王相亂，是以不合，此聖人以不合爲謙。”帝曰：“若聖人以不合爲謙，則鄭玄何獨不謙耶？”俊不能對。蓋魏博士之治《易》，善鄭氏學者也。

蜀博士之治《易》，善鄭氏學者，曰南陽許慈仁篤；子勛傳其業，然僑士也！蜀士之《易》學，蓋始於廣漢任安之習孟氏。弟子知名者，曰梓潼杜微國輔，曰蜀郡杜瓊伯瑜。然瓊好圖讖而不言《易》，巴西譙周允南傳其學焉。

吳士之善《易》者，曰會稽虞翻仲翔，曰吳郡陸績公紀。翻有《周易注》九卷，績有《周易注》十五卷，具見《隋書·經籍志》。然翻之先世，本治孟氏《易》；而績之注，則採諸京氏《易傳》者爲多。績年輩差晚，而翻舊齒名盛，說《易》專取旁通與之卦。旁通者，乾與坤、坎與離、艮與兌、震與巽，交相變也；之卦則以兩爻交易而得一卦，消息六爻，發揮旁通。與魯國孔融文舉書，示以所著《易注》。融答書曰：“自商瞿以來，舛錯多矣！去聖彌遠，衆說騁辭！曩聞延陵之理樂，今覩吾子之治《易》，乃知東南之美者，非徒會稽之竹箭！”然翻自稱傳孟氏《易》，而說“七日來復”不言六日七分，則亦不盡用孟氏《易》也。廣陵張紘子綱名輩不後虞翻，而治京氏《易》則同陵績。又汝南程秉德樞者，逮事鄭玄；吳大帝聞其名儒，徵拜太子太傅；著《周易摘商》，蓋費氏之支流餘裔矣！

大抵三國之世，北士傳馬、鄭而習費《易》，而吳、蜀則守孟京而薄馬、鄭。虞翻初立《易注》，奏稱：“潁川荀諝號爲知《易》。臣得其注，有……返逆……可怪笑！馬融……復不及諝。……鄭玄……立注，未得其門。”荀諝，荀爽之別名也。此可以覘三國南北學之殊風焉！然南北學亦何常之有！費《易》大興，而孟、京不能不廢！梁邱、施氏亡于西晉。孟氏、京氏雖有其書，而明京氏《易》者，西晉惟弘農董景道文博，東晉惟新蔡干寶令升而已！寶有《周易注》十卷，見《隋書·經籍志》。孟氏之《易》無聞，而費氏之學，又分鄭玄、王弼兩家。元帝中興，江左議爲王弼《易》置博士，獨太常潁川荀崧景猷以爲不可，請爲鄭玄《易》置博士，自是《易》有鄭玄、王弼二博士。

然有晉始自中朝，迄於江左，莫不崇飾老莊，祖述虛玄，擯闕里之典經，習正始之餘論。王弼生當正始，辭才逸辯，老學實爲宗師，而明《易》亦造玄論。風流所仰，學者宗焉！惟弼注者，僅上下《經》，而補《繫辭》《說卦》《雜卦》《序卦》注者，其門人韓康伯也。自是，王《注》行而鄭學亦衰！河南及青齊之間，儒生多講王《注》，師訓蓋寡，奚論江左！自跖拔魏之末，大儒華陰徐遵明子判門下，講鄭玄所注《周易》。遵明以傳范陽盧景裕仲孺，景裕傳權會、郭茂。權會早入鄴都，郭茂恆在門下教授。其後河朔言《易》者，多出郭茂之門。大抵南北所爲章句，河洛《周易》則鄭玄，江左則王弼，好尚互有不同！獨晉揚州刺史晉陵顧悅之君叔有《周易難王輔嗣義》一卷四十餘條。齊國子博士吳郡陸澄彥深與尚書令琅邪王儉仲寶書，陳：“王弼注《易》，玄學所宗！今若弘儒，鄭不可廢！”儉答：“《易》體微遠，實貫羣籍；豈摭小王，便爲該備！依舊存鄭，高同來說。”可謂矯矯南士之不羣者也！然梁陳之世，鄭玄仍得與王弼注並列學官，南齊惟傳鄭義。

至隋平江南，王注乃盛河朔，然鄭義不廢。既，隋氏道消，唐代應運。詔孔穎達等撰定《周易正義》，然后專崇王《注》而衆說皆廢。“序”稱：“漢儒傳《易》者，西都則有丁、孟、京、田，東都則有荀、劉、馬、鄭，大體更相祖述，非有絕倫。惟魏世王輔嗣注，獨冠古今，所以江左諸儒並傳其學，河北學者罕能及之！其江南義疏十有餘家，皆辭尚虛玄，義多浮誕。原夫易理難窮，雖復玄之又玄，至于垂範作則，便是有而教有。若論住內住外之空、就能就所之說，斯乃義涉於釋氏，非爲教於孔門也！”所以抨江南諸家者，斯亦允矣！雖然，吾觀孔穎達者，徒知釋氏之義不涉《易》，而不知王《注》之辭亦尚玄；徒知江南義疏諸家之辭尚虛玄，義多浮誕，而不知王《注》之爲玄學之宗，江南諸家之所自出也！顧謂“義禮可詮，先以輔嗣爲本”；寧必爲達識乎！雖然，唐之《易》家，有期詮義理而用王弼者，孔穎達之《周易正義》是也；有旁通象數而採虞翻者，李鼎祚之《周易集解》是也。一爲三國之魏學，一爲三國之吳學；一開宋儒胡、程之先，一植清學惠、張之基。蓋李鼎祚《周易集解》凡十七卷，仍用王弼本；惟以《序卦傳》散綴六十四卦之首，蓋用《毛詩》分冠小序之例。所採凡子夏、孟喜、焦贛、京房、馬融、荀爽、鄭玄、劉表、何晏、宋衷、虞翻、陸績、干寶、王肅、王弼、姚信、王廙、張秀、王凱沖、侯果、蜀才、翟元、韓康伯、何妥、崔憬、沈驎士、盧氏、崔覲、伏曼容、孔穎達、姚規、朱仰之、蔡景君等三十五家之說，而採虞翻尤多。其所自爲說，則純似翻；將欲以刊輔嗣之野文，補康成之逸象，而不採玄爻辰之說。“自序”謂：“王鄭相沿，頗行于代；鄭則多參天象，王乃全釋人事。且易之爲道，豈偏於天人哉?”則是于鄭、王皆有不足，而博採諸家以爲折衷也。

其有拾遺補闕，而搜孔、李所未採者，則有史徵之《周易口訣義》凡七卷。“自序”云：“但舉宏機，纂其樞要；先以王《注》爲宗，後約孔《疏》爲理。”然中如《乾》彖引周氏說，《乾》大象、《革》彖引宋衷說，《屯》彖引李氏說，《師》彖、《漸》九五引陸績說，《師》六五、《坎》大象引莊氏說，《謙》六五引張氏說，《賁》大象引王廙說，《頤》大象引荀爽說，《坎》上六引虞氏說，《咸》大象、《井》大象、《鼎》彖引何妥說，《萃》彖、《困》大象引周宏正說，《升》彖、《漸》彖引褚氏說，《震》九四、《兑》大象引鄭衆說，《漸》大象引侯果說，多出孔穎達《疏》及李鼎祚《集解》之外。蓋唐去六朝未遠，《隋書·經籍志》所載諸家之書，猶有存者，故徵得以旁蒐博引；雖有文義，間涉拙滯。而唐以前解《易》之書，《子夏傳》既多屬僞撰；鄭玄、陸績注爲後儒輯佚，亦非完書。其實存於今者，京房、王弼、孔穎達、李鼎祚四家及史氏此書而五耳!固稽古者所宜珍也!惜李、史二氏，新舊《唐書》并無傳，其人本末不詳耳！此唐代《易》學之要刪也。

然自唐代以王弼《注》定爲《正義》，於是學《易》者專言名理，惟李鼎祚《集解》不主弼義，博採諸家，以爲“刊輔嗣之野文，補康成之逸象”。而後來經生，不能盡從其學！宋儒若胡瑗、程子，言理精粹，自非晉唐諸儒可及，然於象亦闕焉不詳！獨金華鄭剛中亨仲著《周易窺餘》十五卷，兼收漢學；凡荀爽、虞翻、干寶、蜀才九家之說，皆參互考稽，不主一家。其解義間異先儒，而亦往往有當於理。雖其人附和秦檜，公論不予，然闡發經義，則自出新義，具有理解，要爲《易》家所不廢也。又《古易》本十二篇，自費直、鄭玄以至王弼，遞有移掇。孔穎達因弼本而作《正義》，行於唐代，《古易》自此不復存！宋呂大防仲微始考驗舊文，作《周易古經》二卷。其後，鉅野晁說之以道作《古易》十二卷，永嘉薛季宣士龍作《古文周易》十二卷，餘姚程迥可久作《古周易》一卷，丹陵李燾仁甫作《周易古經》八篇，崐山吴仁傑斗南作《古周易》十二卷，金華呂祖謙伯恭作《古周易》一卷，大致互相出入。獨祖謙書最晚出，而較有據，凡分《上經》《下經》《彖上傳》《彖下傳》《象上傳》《象下傳》《繫辭上傳》《繫辭下傳》《文言傳》《說卦傳》《序卦傳》《雜卦傳》爲十二篇。朱子嘗爲之跋，後作《本義》即用祖謙而不用王弼焉。

然唐代雖定王弼《注》爲《正義》，而《新唐書·藝文志》著錄玄《注》十卷，是唐時王學盛行，而鄭注未墮地也。至北宋尚存玄注《文言》《序卦》《說卦》《雜卦》四篇一卷，見《崇文總目》；而淳熙以後諸儒罕所稱引，蓋亡於南宋之初也。慶元王應麟伯厚，獨能於散佚之餘，旁摭諸書，輯《周易鄭康成注》一卷；蒐羅放失，以存漢《易》之一線。經文異字，亦皆並存；其無經文可存者，則總錄於末簡。又以玄注多言互體，并取《左傳》《禮記》《周禮》《正義》中論互體者八條，以類附焉；可謂篤志遺經，研心古義者矣！此宋儒之整理古《易》則有然者。雖然，宋儒《易》學之所以獨成宋儒者不在此！蓋宋儒《易》學之自名一家者甚衆，然要其大別，不外象數、義理二宗。而泰州胡瑗翼之開宋儒義理說《易》之先河，范陽邵雍堯夫爲宋儒象數説《易》之大宗。

漢儒言《易》，本多主象數；至宋儒言《易》，而象數之中，復歧出圖書一派。此派蓋大昌於邵雍，而造端於彭城劉牧長民者也。牧之學出於洛陽种放名逸，放出於亳州陳摶圖南；其淵源與邵雍同，而以九爲河圖、十爲洛書，則與雍異。著《易數鉤隱圖》三卷附《遺論九事》一卷，其學盛行於仁宗時。黄黎獻作《略例隱訣》，吴秘作《通神》，休寧程大昌泰之作《易原》，皆發明牧説。至建陽蔡元定西山則以爲與孔安國、劉歆所傳不合，而以十爲河圖，九爲洛書。朱子從之，著《易學啓蒙》。自是以後，言圖書者皆宗朱、蔡，而牧之圖幾廢焉！然圖書之學，劉牧實爲別傳，而邵雍乃其正宗。雍之子曰伯溫子文者，著《易學辨惑》一卷，中敍傳授本末，謂："雍《易》受於青社李之才挺之，之才師鄆州穆修伯長，修師陳摶"。則是陳摶者，宋儒圖書説《易》之祖師也。然宋儒之有陳摶、邵雍，猶漢學之有孟、京、所謂《易》外別傳者也。顧或者謂："陳摶以先天圖傳种放，更三傳而至邵雍。放以《河圖》《洛書》傳李溉，更三傳而至劉牧。穆修以《太極圖》傳周敦頤，再傳至程顥、程頤。厥後，雍得之以著《皇極经世》，牧得之以著《周易鉤隱圖》，周敦頤得之以著《太極圖説》《通書》，頤得之以述《易傳》。"據朱震《漢上易集傳卦圖》之説云爾；其説頗爲後人所疑。而朱子亦謂"程子之學，源於周子"，然考之程子《易傳》，無一語及太極，而於《觀》《大畜》《夬》《漸》諸卦，云"予聞之胡翼之先生""予聞之胡先生曰"者，不一而足。則是程子之學，源於胡瑗，而於周敦頤無徵也。

倪天隱述其師胡瑗之説，有《周易口義》十二卷；其説《易》以義理爲宗。而程子不信邵雍之數，故邵子《皇極經世》以數言

《易》，而程子著《易傳》四卷，則黜數而崇理，於胡瑗爲近。其書以《序卦》分置諸卦之首，依李鼎祚《集解》例，而用王弼《注》本；但解上下《經》及彖象文言，亦與王弼《注》同。朱子《周易本義》，初亦用王弼本，後以呂祖謙《古周易》爲本；然大指仍略同王弼而加詳焉。首列《九圖》，末著揲法，大略兼義理、占象而言。附以《易學啓蒙》一卷，曰《本圖書》《原卦畫》《明蓍筮》《考變占》凡四篇，殆折衷理、數二家之説而無所偏廢者乎！蒲江魏了翁鶴山，蓋問業於朱子之門人建昌李燔敬子、趙州輔廣漢卿者，嘗言："辭變象占，《易》之綱領；而繇彖象爻之辭，畫爻位虛之别，互反飛伏之説，乘承比應之例，一有不知，則義理闕焉！"其大旨主於以象數求義理，折衷於漢學、宋學之間。輯《周易要義》十卷，雖主於王《注》孔《疏》，而採摭謹嚴，别裁精審，可謂剪除支蔓，獨擷英華者矣！

雖然，宋儒《易》學、亦有不言理、不言數，而但言事者：上虞李光泰發《讀易詳説》十卷，吉水楊萬里誠齋《易傳》二十卷，其最著者也。光之書，於卦爻之詞，皆引證史事。蓋援古事以證爻象，始自鄭玄；若全經皆證以史，則光書其始也。萬里之書，大旨本程子《易傳》，而參引史事以證之，則同李光；初名《易外傳》。宋代書肆，曾與程《傳》並刊，謂之《程楊易傳》。顧宋儒詆之者夥，以爲足以聳文士之觀瞻，而不足以服窮經士之心！然聖人作《易》，本以吉凶悔吝明人事，使天下萬世無不知所從違，非徒使上智者矜談妙悟，如佛家之傳心印，道家之授丹訣。自譚《易》者推闡姓命，❶ 句稽奇偶，其言愈微妙，而於聖人立教牖民之旨，愈南轅

❶ "姓命"疑為"性命"之誤。——編者註

而北轍。箕子之貞、鬼方之伐、帝乙之歸妹、孔子繫辭，何嘗不明證史事！依此而推，三百八十四爻，可以例舉矣。舍人事而談天道，正後儒説《易》之病，未可以引史證經爲二家病！此一派也。又有不言理數，亦不言事而言心性者：慈谿楊簡敬仲《易傳》二十卷，寧德王宗傳景孟《童溪易傳》三十卷，其最著者也。簡之學出金谿陸九淵子靜，故其解《易》，惟以人心爲主。

蓋自漢以來，以玄空説《易》，始魏王弼；而以心性説《易》，始王宗傳及簡宗傳之論，有性本無説，聖人本無言之語，與簡文旨相同。夫弼《易》祖尚玄虚以闡發義理，漢學至是而始變。宋儒掃除古法，實以王《注》爲藍本！然胡瑗、程子祖其義理而歸諸人事，故似淺近而醇實。宗傳及簡祖其玄虚而索諸性、天，故似高深而幻窅。此又一派也。然論宋儒《易》學者，要以程子《易傳》、朱子《易本義》爲大宗。臨海董楷正叔者，朱子再傳弟子也。嘗輯《周易傳義》十四卷，合程子《傳》、朱子《本義》爲一書，而采二子之遺説，附録其下，意在理數兼通。惟程子《傳》用王弼本，而朱子《本義》則用吕祖謙《古周易》本；楷以程子在前，遂割裂朱子之書，散附程《傳》之後，而朱子所定之古文，仍復淆亂！迨明之成祖，命行在翰林學士胡廣等纂《周易大全》，即以楷書爲底本，而列之學官。迄有清五百年間，士夫之爲學，朝廷之取士，胥以此焉。鄉塾之士，遂不復知有古經，則楷肇其端也！於是程《傳》朱《本義》之《大全》本行，而王《注》孔《疏》亦廢擱矣！

元、明兩代，學者言《易》，大抵不脱宋儒窠臼！獨明古義，不囿風氣者，惟元天台陳應潤之撰《周易爻義變藴》，明海鹽姚士粦叔祥之輯《陸氏易解》耳！考陳應潤之書凡四卷，大旨謂："義理玄妙之談，墮於老莊；先天諸圖，雜以《參同契》爐火之説，皆非

《易》之本旨”。故其論八卦，惟據《說卦傳》“帝出乎震”一節，爲八卦之正位，而以“天地定位”一節，邵雍指爲先天方位者，定謂八卦相錯之用；謂：“文王演《易》，必不顛倒伏羲之文，致相矛盾”。其論太極兩儀四象，以天地爲兩儀，以四方爲四象，謂：“未分八卦，不應先有揲蓍之法，分陰陽太少。周子無極太極、二氣五行之說，自是一家議論，不可說《易》”。蓋自宋以後，毅然破陳摶之學者，自應潤始！所注用王弼本，惟有上下《經》六十四卦。據《春秋左氏傳》某卦之某卦例，如《乾》之《姤》曰“潛龍可勿用”、《乾》之《坤》曰“見羣龍無首，吉”之類，故名曰爻變。其稱一卦，可變六十四卦，六爻可變三百八十四爻，卽漢焦延壽《易林》之例。蓋亦因古占法而推原其變通之意，非臆說也！

昔宋王應麟輯鄭玄《易注》，爲學者所重。而姚士粦抄撮京房《易傳注》、李鼎祚《集解》諸書所引之吳陸績《周易注》以成《陸氏易解》一卷，雖不及應麟搜討之勤博，然在《陸注》久佚之餘，而掇拾叢殘，存什一於千百，於元明人《易》家之中，倘亦翹然獨秀者矣！若乃師心自悟，闇與古會，足以卓然名一家者，莫如梁山來知德矣鮮；隱萬縣之深山，精思《易》理，自隆慶庚午，至萬歷戊戌，閱二十九年，而成《周易集注》十六卷。其立說專取《繫辭》中錯綜其數，以論《易》象，而以《雜卦》治之。錯者，陰陽對錯，如《先天圓圖》乾錯坤、坎錯離，八卦相錯，是也；綜者，一上一下，如屯、蒙之類，本是一卦，在下爲屯，在上爲蒙，載之《序卦》，是也。其論錯，有四正錯，有四隅錯；論綜，有四正綜，有四隅綜；有以正綜隅，有以隅綜正；其論象，有卦情之象，有卦畫之象，有大象之象，有中爻之象，有錯卦之象，有綜卦之象，有爻變之象，有占中之象。皆由冥心力索，得其端倪，因而參互旁通，自成一說，當時推爲絕學。然上下《經》各十八卦，本之舊說，而所說中爻之象，亦卽漢以來互體之法；特知德縱橫推闡，專明斯義，較先儒爲詳盡耳！

既，清儒崛起，務摧剝宋學，宏宣漢《易》，別成風氣；而首驅除夫難者，要推餘姚黃宗羲太沖、宗炎晦木兄弟，暨德清胡渭朏明三氏。初，陳摶推闡《易經》，衍爲諸圖；其圖本準《易》而生，故以卦爻反覆研求，無不符合。傳者務神其說，遂歸其圖於伏羲，謂《易》反由圖而作。又因《繫辭》《河圖》《洛書》之文，取大衍算數，作五十五點之圖，以當《河圖》；取《乾鑿度》太乙行九宮法，造四十五點之圖，以當《洛書》；其陰陽奇偶，亦一一與《易》相接應。傳者益神其說，又真以爲龍馬神龜之所負，謂伏羲由此而有先天之圖；實則唐以前書，絕無一字之徵驗，而突出於北宋之初。邵雍、朱子亦但取其數之巧合，而未暇究其太古以來從誰授受。於是宗羲病其末派之支離，糾本原之依托，著《易學象數論》六卷。自序云："世儒視象數爲絕學，今一一疏通，知於《易》本無干涉，而後反求程《傳》，亦廓清之一端。"又稱："王輔嗣《注》簡當無浮義，而病朱子添入康節先天之學爲添一障。"可謂了當！而宗炎著《周易象辭》附《尋門餘論圖書辨惑》二十四卷，大指謂："陳摶之圖書，乃道家養生之術"；與元陳應潤之說合。而論"四聖相傳，不應文王、周公、孔子之外，別有伏羲之《易》，爲不傳之秘。《周易》未經秦火，不應獨禁其圖，轉爲道家藏匿，二千年至陳摶而始出"。則尤篤論也！然皆各據所見，抵其罅隙，尚未能窮溯本末，一一抉所自來。獨胡渭著《易圖明辨》十卷，辨《河圖》《洛書》，辨五行九宮，辨《周易參同》先天太極，辨《龍圖》《易數鉤隱圖》，辨《啓蒙》圖書，辨先天《古易》，辨後天之學，辨卦變，辨象數流弊；大指謂："《詩》《書》《禮》《春秋》皆不可無圖。獨《易》無所用圖。六十四卦二體六爻之畫，卽其圖也。八卦之次序方位，則乾坤三索、出震齊巽二章盡之矣！"引據舊文，互相參證，以箝依托者之口。於是學者知圖書之說，雖言之有故，執之成理，乃修鍊術數二家旁分《易》學之支流，而非作《易》之根柢。視黃氏兄弟所論，尤爲窮源竟委，其功不可沒也！然此三君子者，於宋儒有摧陷廓清之功，而漢學之究宣未極宏！

至吳縣惠士奇天牧撰《易說》六卷，以爲："今所傳《易》出費直《易》。費本古文，王弼盡改俗書，又創虛象之說，而漢《易》亡矣！易者象也，聖人觀象而繫辭，君子觀象而玩辭。六十四卦皆實象，安得虛哉！漢儒言《易》，孟喜以卦氣，京房以適變，荀爽以升降，鄭康成以爻辰，虞翻以納甲；其說不同，而指歸則一，皆不可廢"。然士奇博學無所成名，力矯王弼以來空言說經之弊，徵引賅備，而失之雜！其子曰棟字定宇者，博通經史，尤邃於《易》；謂："孔子作《十翼》；其微言大義，七十子之徒相傳，至漢猶有存者。自王弼興而漢學亡，幸存其略於李氏《集解》"。精研三十年，引伸解類，始得貫通其旨；乃追考漢儒《易》學，掇拾緒論，成《易漢學》八卷：凡《孟長卿易》二卷，《虞仲翔易》一卷，《京君明易》二卷，《干寶易》附見《鄭康成易》一卷，《荀慈明易》一卷；其末一卷，則棟發明漢《易》之理，以辨正《河圖》《洛書》先天太極之學。又究漢儒之傳以闡明《易》之本例，凡九十類，成《易例》二卷。漢學之絕者千有伍百餘年，至是而燦然復章！又自爲解釋，成《周易述》二十三卷，專宗虞翻，而參以鄭玄、荀爽、宋咸、干寶、諸家之說；融會其義，自爲注而自疏之。持論尤精警者：孔穎達《正義》據馬融、陸績說，以爻辭爲周公作，與鄭學異；其所執者，《明夷》六五云“箕子”，《升》六四云“王用享岐山”，皆文王後事。論者不能奪也！獨棟引《春秋傳》《禹貢》《爾雅》以證王用享岐山之爲夏后氏，而非文王。而箕子明夷，則用漢趙賓之説，疏通證明，以爲：“‘箕子當從古文作其子。其，古音亥，亦作箕。’劉向云：‘今易箕子作荄茲。’荀爽據以爲説，讀箕子爲荄茲。其與亥，子與茲，文異而音義同。《三統術》云：‘該閡於亥，孳萌於子。’該荄，亦同物也。五本坤也，坤終於亥，乾出於子，用晦而明，明不可息；故‘其子之明夷’。馬融俗儒，不識七十子傳《易》之大義，讀其爲箕，蓋涉《彖傳》而謟。五爲天位，箕子臣也，而當君位，乖於《易》例甚矣！謬種流傳，兆於西漢博士施讎讀其爲箕。蜀人趙賓述孟氏之學，以爲‘箕子明夷，陰陽氣無箕子。箕子者，萬物方荄滋也’。賓據古義以難諸儒，諸儒皆屈，於是施讎、梁邱賀皆嫉之。孟喜與讎、賀同事田王孫，喜未貴而學獨高。喜所傳《易家候陰陽災變書》，得自王孫；而賀惡之，謂無此事。語聞於上，宣帝遂以喜爲改師法，中梁邱之譖也！讎、賀嫉喜而并及賓。班固作喜傳，亦用讎、賀之單詞，皆非實錄；劉向《别錄》猶循孟學。故馬融俗説，荀爽獨知其非，復用賓古義”。雖敢爲異論，而不盡合事實；然自是清儒論《易》家，多信孟喜真傳田王孫學者，其説實自棟發之！

然按《漢書·儒林傳》云：“趙賓以爲箕子明夷，陰陽氣無箕子；箕子者，萬物方荄滋也。云受孟喜，喜爲名之。”此趙賓謂“箕子”二字爲“荄滋”之誤也。然則趙賓所見之《易經》，本是“箕子”二字矣。虞翻云：“箕子，紂諸父。五乾天位，今化爲坤，箕子之象。”虞翻世傳孟氏《易》，而不從“荄滋”之説，可見孟氏《易》不作“荄滋”矣！惠棟言《易》尊虞翻，何以於此獨不從虞翻乎？此不可解也。惟漢人之《易》，孟、費諸家，各有師承，勢不能合，而棟之學宗禰虞翻，有未通，補以鄭、荀諸儒。學者以無家法少之！未若武進張惠言皋文治《虞翻易》之爲專家絕學也！

惠言之論，大指以爲："翻之《易》學，自其高祖父故零陵太守光治孟氏《易》，世傳其業，至翻五世，又具見馬、鄭、荀、宋、氏書，考其是否，故其言《易》，以陰陽消息六爻，發揮旁通，升降上下，歸於乾元用九，而天下治。依物取類，貫穿比附，始若瑣碎；及其沈深解剝，離根散葉，暢茂條理，遂於大道，後儒罕能通之！自魏王弼以虛空之言解《易》，唐立之學官，而漢世諸儒之說微！惟鄭、荀、虞三家，略有梗概，可指說，而虞又較備。然則求七十子之微言，田何、楊叔、丁將軍之所傳者，舍虞氏《注》奚從也！"故求其條貫，明其統例，釋其疑滯，信其亡闕，爲《周易虞氏義》九卷；表其大指，爲《周易虞氏消息》二卷。又撰《虞氏易禮易事易候易言》及《虞氏略例》，務以探賾索隱，存一家之學焉！

惟惠、張二家，咸以漢《易》之亡，歸獄王弼，獨甘泉焦理堂循明其不然！其大指以爲："東漢末以《易》學名家者，稱荀、劉、馬、鄭。劉謂劉景升表，表之學受於王暢。王弼者，劉表之外曾孫，而暢之嗣玄孫也。弼之學，蓋淵源於劉，而實根本於暢。兄宏，字正宗，亦撰《易義》；兄弟皆以《易》名，可知其所受者遠矣！故弼之《易》，雖參以己見，而解箕子爲荄兹，正用趙賓解。又如讀彭爲旁、借雍爲甕、通孚爲浮而訓爲務躁、解斯爲廝而釋爲賤役之屬，皆以六書通借。解經之法尚未遠於馬、鄭諸儒，特貌爲高簡，故疏者概視爲空論耳。"因作《周易王氏注補》一卷，可謂持平之論也！

攷循之《易》，本出家學，嘗疑一"號咷"也，何以既見於《旅》，又見於《同人》；一"拯馬莊"也，何以既見於《復》，又見於《明夷》；密雲不雨之象，何以《小畜》與《小過》同辭；甲庚三日之占，何以《蠱》象與《巽》象同例？乃徧讀説《易》之書，既悟洞淵九容之術，實通於《易》，乃以數之比例，求《易》之比例；以《易》解《易》，觸類求通，成《易通釋》二十卷。自謂："學《易》所悟得者有三：一曰旁通；二曰相錯；三曰時行。旁通者，在本卦，初與四易，二與五易，三與上易。本卦無可易，則旁通於他卦；亦初通於四，二通於五，三通於上。先二、五，後初、四、三、上爲當位；不俟二、五，而初、四、三、上先行，爲失道。易之道惟在變通。二、五先行而上下應之，此變通不窮也。或初、四先行，三、上先行，則上下不能應，然能變而通之。仍大中而上下應，如《乾》四之《坤》而成《小畜》《復》，失道矣。變通之，《小畜》二之《豫》五，《姤》二之《復》五，《復》初不能應，《姤》初則能應；《小畜》四不能應，《豫》四則能應。《坎》四之《離》上而成《井》《豐》，失道矣。變通之，《井》二之《噬嗑》五，《豐》五之《渙》二，《豐》上不能應，《渙》上則能應；《井》三不能應，《噬嗑》三則能應。此所謂時行也。比例之義，出於相錯，如《睽》二之五爲《无妄》，《井》二之《噬嗑》五亦爲无妄，故《睽》之'噬膚'，卽《噬嗑》之'噬膚'。《坎》三之《離》上成《豐》，《噬嗑》上之三亦成《豐》，故《豐》之'日昃'，卽《離》之'日昃'，《豐》之'日中'，卽《噬嗑》之'日中'。《漸》上之《歸妹》三，《歸妹》成《大壯》，《漸》成《蹇》；《蹇》大《壯》相錯成《需》，故《歸妹》以須之，卽《需》也。《歸妹》四之《漸》初，《漸》成《家人》，《歸妹》成《臨》；《臨》通《遯》相錯爲《謙》；《履》故眇能視，跛能履；《臨》二之五，卽《履》二之《謙》五之比例也。"《易通釋》既成，復提其要，爲《易圖略》八卷，凡《圖》五篇，《原》八篇，發明旁通、相錯、時行之義；《論》十篇，破舊說之非。復成《易章句》十二卷，總稱《雕菰樓易學三書》，共四十卷。蓋其爲學，不拘漢魏各師法，惟以卦爻經文比例爲主。號咷、密雲，蹤跡甚顯；蒺蔾、樽酒，假借可據。如郭守敬之以實測得天行也，可謂冥心孤往，獨闢蹊徑者矣！尤豈惠、張諸家墨守漢《易》姝姝一先生之言者所可及耶！

晚清善化皮錫瑞鹿門撰《易學通論》，以張惠言爲專門、焦循爲通學，而謂“學者當先觀二家之書”；可謂知言之士！然錫瑞論《易》，崇義理而黜象數，實主王《注》、程《傳》；據《漢書·儒林傳》以證明孟喜《陰陽災變書》之不出田王孫、京房《納甲》之托孟喜，而深慨清儒惠棟以來重理孟京之緒之爲大惑，曰：“經學有正傳，有別傳。以《易》而論，別傳非獨京氏而已；如孟氏之卦氣、鄭氏之爻辰，皆有別傳也。又非獨《易》而已，如伏《傳》五行，齊《詩》五際，《禮·月令》《明堂》陰陽說，《春秋公羊》多言災異，皆別傳也。子貢謂‘夫子性與天道，不可得聞’，❶則孔子删定六經以垂世立教，必不以陰陽五行爲宗旨。至孟京出而漢儒稱讖緯，宋人斥讖緯而稱圖書。其實焦、京之《易》，出陰陽家之占驗，雖應在事後，非學《易》之大義。陳、邵之《易》，出道家之修錬，雖數近巧合，非作《易》之本旨。故雖自成一家之學，而於聖人之《易》，實是別傳而非正傳。近儒於陳、邵之圖，闢之不遺餘力，而又重理焦、京之說。獨焦循說《易》，自闢町畦，以虞氏之旁通，兼荀氏之升降，意在采漢儒之長而去其短；而於孟氏之卦氣、京氏之納甲、鄭氏之爻辰，皆駁正之以示後學，曰‘納甲、卦氣，皆《易》之外道’。趙宋儒者，闢卦氣而用先天。近人知先天之非矣，而復理

❶ 今本此句作“夫子之言性與天道，不可得而聞也。”見《四書章句集注》，第 79 頁。——編者註

納甲、卦氣之説，不亦唯之與阿哉!”斯又侃侃敷陳，清儒之箴砭也！他如衡陽王夫之而農之《周易稗疏》、蕭山毛奇齡大可之《仲氏易》《推易始末》《春秋占筮書》三書、旌德姚配中仲虞之《周易姚氏學》、甘泉江鄰堂藩之《周易述補》、震澤陳壽熊獻青之《讀易漢學私紀》、寶應成蓉鏡芙卿之《周易釋爻例》之屬，皆清儒《易》學之有根據、有條理者，雖立説或有未純，要其創通新解，補苴前賢，多可取者！然易道淵深，包羅衆義，隨得一隙，皆能宛轉關通，有所闡發。

近儒侯官嚴復又陵序其所譯英儒赫胥黎著《天演論》，則又據《易》理以闡歐學。其大指以爲：“歐學之最爲切實，而執其理可以御蕃變者，名、數、質、力四者之學是已。而吾《易》則名、數以爲經，質、力以爲緯，而合而名之曰《易》。大宇之內，質、力相推；非質無以見力，非力無以呈質。凡力，皆乾也；凡質，皆坤也。奈端動之例三：其一曰‘静者不自動，動者不自止；動路必直，速率必均’，此所謂曠古之慮。自其例出而后天學明，人事利者也！而《易》則曰‘乾其静也專，其動也直。’後二百年，有斯賓塞爾者，以天演自然言化，著書造論，貫天地人而一理之，此亦輓近之絕作也！其爲天演界説曰：‘翕以合質，闢以出力，始簡易而終雜糅。’而《易》則曰：‘坤，其静也翕，其動也闢。’至於‘全力不增減’之説，則有“自彊不息，爲之先；‘凡動必復’之説，則有‘消息’之義居其始。而‘易不可見，乾坤或幾乎息’之旨，尤與‘熱力平均，天地乃毁’之言相發明!”可謂有味乎其言之也！然嚴復尚非《易》家也，不過爲闡《易》道以歐學者之大輅椎輪而已！

至海寧杭辛齋出，精研《易》義，博及諸家傳注，而蒐藏言《易》之書六百二十餘種，並世之言《易》藏者莫備焉！著有《易楔》□卷，❶《學易必談初集》《二集》各四卷，《易數偶得》二卷，《愚一錄易說訂》二卷，《讀易雜識》一卷，《改正揲蓍法》一卷。其平日持論，以爲“《易》如大明鏡，無論以何物映之，莫不適如其本來之象。如君主立憲，義取親民，爲《同人》象；民主立憲，主權在民，爲《大有》象；社會政治，無君民上下之分，爲《隨》象。乃至日光七色，見象於‘白賁’；微生蟲變化物質，見象於《蠱》。又如《繫辭傳》言：‘坤，其靜也翕，其動也闢。’而所謂‘闢’者，即物理學之所謂離心力也；‘翕’者，即物理學所謂向心力也。凡物之運動，能循其常軌而不息者，皆賴此離心、向心二力之作用。地球之繞日，即此作用之公例也。凡近世所矜爲創獲者，而《易》皆備其象、明其理于數千年之前。蓋理本一原，數無二致，時無古今，地無中外；有偏重而無偏廢。中土文明，理重於數，而西國則數勝于理。重理，或流於空談而鮮實際；泥數，或偏於物質而遺精神。惟《易》則理數兼賅，形上道而形下器，乃足以調劑中西末流之偏，以會其通而宏其指”。此則推而大之以至于無垠；而異軍突起，足爲《易》學闢一新塗者焉！

❶ 據《湖南圖書館古籍線裝書目錄·經部·易》，有“易楔六卷”說。——編者註

六、《周易》之本子

自古以來，傳《易》者衆，屢有更定，而文王、孔子之《易》，不可復考見；據《漢書·藝文志·六藝略》：《易經》十二篇，施、孟、梁邱三家。師古曰："上下《經》及《十翼》，故十二篇"，孔穎達《論夫子十翼》曰："但數《十翼》，亦有多家。既文王《易經》本分爲上、下二篇，則區域各別；彖、象釋卦，亦當隨經而分。故一家數《十翼》云：'《上彖》一，《下彖》二，《上象》三，《下象》四，《上繫》五，《下繫》六，《文言》七，《說卦》八，《序卦》九，《雜卦》十'"。然《十翼》之說，不知起於何人；隋唐以前，大儒君子不論。《史記·孔子世家》雖有"《序》《彖》《繫》《象》《說卦》《文言》"之文，而不言《十翼》，"說卦"二字亦疑衍。《論衡·正說篇》曰："至孝宣皇帝之時，河內女子發老屋，得逸《易》《禮》《尚書》各一篇，奏之；皇帝下示博士，然後《易》《禮》《尚書》各益一篇"；所說《易》益一篇，蓋《說卦》也。據王充說，《說卦》至宣帝時始出，非史公所得見，故疑《世家》"說卦"二字，疑後人刻本衍者。《漢志》稱"文王重《易》六爻，作上下二篇。孔氏爲之《彖》《象》《繫辭》《文言》《序卦》之屬十篇"；然十篇之目雖具，亦不云《十翼》。孔穎達亦以《十翼》說有多家，但稱"一家數《十翼》"云云而不論定。《十翼》之說既無據，則《漢志》所謂“《易經》十二篇”者，蓋指文王重《易》六爻作上、下篇，而孔子爲之《彖》《象》《繫辭》《文言》《序卦》之屬；各依之分上、下，得十篇，并十二篇也。蓋文王重《易》六爻作上、下篇，但重爻而未繫辭，故有畫而無文耳。《春秋左氏傳》載：昭公二年春，晉侯使韓宣子來聘，見《易》象與《魯春秋》，曰：“周禮盡在魯！”所謂“《易》象”者，蓋卽文王重《易》六爻所作之上、下篇，徒有爻畫之象，而無彖繫之詞，故稱之曰“《易》象”也。既文王《易》象本分爲上下二篇，而孔子爲之《彖》《象》《繫辭》《文言》《序卦》之屬十篇，各出爲篇，故十二篇。施、孟、梁丘三家《易》如此，費直《易》亦如此。

《漢書·儒林傳》載直治《易》以《彖》《象》《繫辭》十篇《文言》解說上下《經》，其言可徵也；厥爲《周易》之第一古本。未曉誰何合孔子之繫辭而綴于文王重爻之上下篇。其後晉武帝太康之世，汲縣人不準盜發魏襄王墓，大得古書。《周易》上下篇，與今正同；無彖、象、文言，杜預《左氏傳集解·後序》則已合孔子之繫辭而綴於文王重爻之上下篇矣。是卽師古曰：“上、下《經》及《十翼》，故十二篇”之一本也；厥爲《周易》之第一翻本，然彖、象尚別爲篇，而未綴諸卦、爻、繫辭之後也。初，費直治《易》，無章句，徒以《彖》《象》《系辭》十篇《文言》解說上下《經》；而不聞合《彖》《象》於上下《經》也。後漢鄭玄傳費氏《易》，而作《易注》，乃合彖、象於經而題“彖曰”“象曰”者，欲使學者尋省易了也；可稱爲《周易》之第二翻本。然鄭玄之合彖、象於經，不過綴彖、象於一卦六爻之後。迨魏王弼作《周易註》，又以爲象者本釋經文，宜相附近，其義易了，故分爻之象辭，各附其當爻下，孔穎達《坤》初六“象曰”疏如坤以下六十三卦是也。其乾卦彖、象、文言，則以總附六爻之後，蓋存鄭玄所合之例，可稱爲《周易》之第三翻本；遂爲後來所遵用。至宋大儒程子作《伊川易傳》，所據者王弼本也。

至呂大防、晁說之、呂祖謙諸儒，以爲應復十二篇之舊。呂大防乃於元豐壬戌，昉刻《周易古經十二篇》於成都學官。晁說之建中靖國辛巳，并爲八篇，號《古周易》。而呂祖謙則因晁氏書，參考傳記，乃以上下《經》《十翼》各爲一篇，如師古註《漢志》所稱“上下《經》及《十翼》，故十二篇”者，而十二篇之《易》始定。自謂“篇目卷帙，一以古爲斷”，然十翼之說，古所未聞；則所謂“古”者，亦第師古之“古”；未必合於十二篇古本之真也，可稱爲第一翻本之復古而已！朱子《周易本義》以《經》爲二卷，《十翼》爲十卷，卽用此本也；較之程子《易傳》用王弼本者，原不相同。其后董楷乃以程子之《傳》、朱子之《本義》合爲一書，而以世次先程後朱，移《易》本義次序以就程《傳》。至明永樂中，翰林院學士胡廣等奉敕撰《周易大全》，因焉，於是又別出一非程非朱、亦程亦朱之監本，可稱爲《周易》之第四翻本。

世所通行者三本：一王弼注本，一朱子《本義》用呂祖謙本，一《坊刻監本》。而以《坊刻監本》爲最陋劣，傳布最廣。其序文則程《傳》也；目錄之標題，則《本義》也；目錄之卷帙，則程《傳》也。首列《河圖》《洛書》及《先後天八卦六十四卦各圖》，亦《本義》也；而上下《經》與《繫傳》之篇第，則又皆程《傳》也；其注，則又皆《本義》也。可謂極參伍錯綜之能事，而不名一家者矣！觀其封面則署曰《監本易經》者，推求其故：蓋明刻永樂之《大全監本》固程子之《傳》與朱子《本義》並列，篇第章句悉依程《傳》，而以《本羲》之注，錄於程《傳》之後者。後以考試功令，專重朱《義》，坊賈射利，節減篇幅，於是去《傳》留

《義》，而篇帙則仍未之改。嘉靖間，蘇州學官成某不求甚解，從而刊布之。非驢非馬而題曰《監本易經》者，此物此志也。可稱爲《周易》之第五翻本；斯固卑之無甚高論矣！

七、《周易》之讀法

易道廣大，無所不包。漢有焦延壽、京房之推災祥，陰陽家之占驗也；魏有王弼、韓康伯之黜象數，道家之虛無也；宋有陳摶、邵雍之演圖書，方士之修煉也。旁及天文、地理、樂律、兵法、韻學、算術以逮方外之煉火，皆可援《易》以爲說；而好異者又援以入《易》。語曰："羣言淆亂衷諸聖。"而欲籀明《易》道，莫如折衷孔子。《易》本爲卜筮之書，而孔子推天道以明人事；《易》衹有卦爻之畫，而孔子玩爻象而繫之辭，曰："我於《易》則彬彬矣。"《易緯·通卦驗》云："蒼牙通靈，昌之成！孔演命，明道經。"則是孔子之有大造於《易》也。費直治《易》亡章句，以《彖》《象》《繫辭》十篇《文言》解說上下經。而荀爽傳费氏學，著《易傳》，據爻象承應陰陽變化之義，以十篇之文解說經意。此千古讀《易》之準的也。姑以鄙意，粗發讀例。

第一，明《易》之學。竊以爲善讀《易》者，必袪四蔽，明一諦，而後可以闢理障，闡《易》學。何謂四蔽？

一曰以陰陽占驗言《易》。《易》之爲書，推天道以明人事者也。孔子說《易》見於《論語》者二事：一勉無過，一戒無恆；皆切人事。而戰國《荀子》《呂覽》及漢初賈誼《新書》、董子《繁露》、淮南《鴻烈解》諸子書引《易》，亦皆切人事言之，而不主陰陽災變；去古未遠也。一變而爲焦、京之陰陽災變，入於禨祥；再變而爲陳、邵陳摶、邵雍。之河圖洛書，務窮造化；《易》遂不切於民用。遜清學者於陳、邵之圖書，辭而闢之，而復理焦、京納甲、卦氣之説；是去一障又生一障，寧必此之爲是而彼之爲非哉！

一曰以老子明《易》。自何晏善譚《易》《老》，見稱《魏氏春秋》；談者每以《老》《易》對舉，而王弼注《易》亦雜老氏之旨。不知老子知常，《易》道觀變；老子守歸根之静，《易》道見天下之動；老子闡旨於重玄以明天之道，《易》道假象於陰陽以察民之故。一無對，一有對；論旨之不同如此，而譚者皮傅枝辭。此孫盛所爲譏弼"以附會之辯而欲籠統玄旨，雖有可觀，恐泥大道"者也！《魏志·鍾會傳》裴松之注引。但漢末《易》道猥雜，卦氣、爻辰、納甲、飛伏、世應之説，紛然並作；弼乘其敝，掃而空之，頗有摧陷廓清之功！而以清言説經，雜以道家之學，漢人樸實説經之體，至此一變。然則弼注之所以可取者，在不取術數而明義理；其所以可議者，在不切人事而雜玄虚。

一曰以禪參《易》。宋儒楊簡承其師陸九淵之學，爲《易傳》，略象數而談心性，多入於禪。王宗傳與之同時，而作《童溪易傳》，力排象數而不免涉於虚無，大旨與簡相類。遜清《四庫全書提要》錄存其書，見以佛理詁《易》，自二人始；著經學别派之由也。不知以禪參《易》，極盛南朝。孔穎達論之最爲宏通；其序《周易正義》，以爲："江南義疏十有餘家，皆辭尚虚玄，義多浮誕。原夫《易》理難窮，雖復玄之又玄；至於垂範作則，便是有而教有。若論住內住外之空，就能就所之説，斯乃義涉於釋氏，非爲教於孔門也！"誠哉是言！茲不復贅。

一曰以進化論《易》。歐通以還，進化論興，而譚《易》者亦以進化爲應運，不知"易"而名"周"衹是化而非進。言世運之變同，而所以爲言者不同。《周易》之所明者，天道無往而不復；進化之所論者，羣治有進而無退。然英哲家赫胥黎論天演，而終之以進化一篇，曰："萬化周流，有其隆升，則亦有其汚降。宇宙一大年也，自京垓億載以還，世運方趨上行之軌；日中則昃，終當造其極而下移。然則言化者謂世運必日亨，人道必止至善，亦有不必盡然者矣。"則是萬化之循周流，世運之不日亨，赫氏何嘗不鑿鑿言之也。

四蔽既祛，當明一諦。夫六十四卦大象，皆有"君子以"字以徵驗人事。"君"者羣也，"君子"之言善羣者也；聖人之情見乎辭矣！然則易之爲學，羣學也！"羣學者何？用科學之律令，察民羣之變端，以明既往，測方來也。"嚴復譯斯賓塞爾之《羣學肄言·序》。福勞特曰："今世所謂科學者，非但即物窮理已也；於先後因果之間，必有數往知來之公例，而後副名實。"嚴復譯《羣學肄言·倡學第二》引。斯賓塞爾曰："科學者，所以窮理盡性，而至誠者可以前知。"《羣學肄言·倡譯學第二》"羣學之事，所重者，不在今日羣種治化之已然也，在卽其已然，推所必至。天生烝民，德不虛立，於其身有性情才力之可指，於其羣卽有強弱衰盛之可指，是則羣學所以爲學而已矣！"《羣學肄言·喻術第三》吾觀於《易》，彰往而察來，顯微而闡幽，明於天之道而察於民之故；籀乾坤闔闢二例以立天演之本，衍六十四卦以網羣治演變之賾；如《屯》之言難、《蒙》之言教、《需》之言養、《師》之推言衆，皆以一卦言羣治之一事，它可類推。近取諸身，遠取諸物，極天下之賾者存乎卦，鼓天下之動者存乎辭。開物成務，冒天下之道如斯而已者也。儻有合於所謂"羣學者用科學之律令，察民羣之變端，以明既往，測方來"者耶。

昔司馬遷論《易》本隱而之顯，而侯官嚴復則以爲與歐儒外籀之術有合，允矣而未盡也！《易》有太極，是生兩儀；兩儀生四象，四象生八卦。八卦成列，象在其中矣；因而重之，爻在其中矣。夫易者，陰陽變化之謂。陰陽變化，立爻以效之，皆從乾坤而來。乾生震、坎、艮三男，坤生巽、離、兌三女，而爲八卦；變而相重，而有六十四卦，三百八十四爻，所謂“推而行之謂之通”也。此易道之外籀也。然《傳》不云乎：“聖人有以見天下之動，而觀其會通。”刚柔相推，變在其中矣；繫辭焉而命之，動在其中矣。吉凶悔吝者，生乎動者也；剛柔者，立本者也。變通者，趣時者也；吉凶者，貞勝者也。天地之道貞觀者也，日月之道貞明者也。夫乾，確然示人易矣；夫坤，隤然示人簡矣。故曰：“乾坤其易之門耶？”乾以易知，坤以简能；萬變雖殊而歸於一。此易道之內籀也。夫執一衍萬之謂外籀，會異統同之謂內籀；爲術不同而用相資。外籀者，所以盡《易》之變；內籀者，所以窮《易》之蘊。二者，歐儒卽物窮理之最要途術也，豈非合於所謂“羣學者，用科學之律令，察民羣之變端，以明既往、測方來”者耶！

吾聞德國學者藍德萊教授之言曰：“譚羣學者，有探原立論，謂羣治演變，有其大經大法，而俟之百世不惑，放之四海皆準者，謂之哲家之羣學；有籀史實以察羣治之嬗變至賾，日新又新者，謂之史家之羣學。推此而往，羣學之所以籀羣：有謂羣治之演變雖賾，而往復循環，闔闢有常，可以籀其大例者；有謂世變何常，察史可知，一往不復而日進无疆者。”氏在國立自治學院演講題曰《社會學研究方法上之爭辨》，有記錄，載《東方雜誌》第十卷第二十二號今檃括其指以便徵引 而《易》者，聖人有以見天下之動而觀其會通；原始要終，而籀羣治演變之大經大法者也。儻所謂“哲家之羣學”非耶？必明乎此而後可與言讀《易》。

第二，讀《易》之序。孔子之於《易》也，《序》《彖》《繫》《象》《說卦》《文言》，各自爲篇。而王弼《注》以《彖》《象》《文言》分附其卦當爻之下，以解說經意，而明爻象承應陰陽變化之義。或者有改經之譏，然以《彖》《象》《系辭》十篇《文言》解說上下《經》，費直家法如此。今以相合，學者尋省易曉，未爲非計也！惟是不讀《說卦》，無以明八卦之法象德業；猶之讀代數書者不明正負號之用法，讀幾何書者不知點、線、面之界說，而欲演數作圖，胡可得也。不讀上下《繫辭傳》，無以知一經之全體大例；猶之讀代數書者不熟記公式，讀幾何學者不明自定理，而欲演算作圖，亦不可也。是故讀《易》者宜先讀《說卦》，次讀上下《繫辭傳》，然後讀上下《經》之《繫辭》《彖》象《文言》；則於卦位、爻位、象義及彖、象、爻之材德，已略有頭緒，以讀經文，自可觸類而通，無虞扞格。而《序卦》則序六十四卦先後相次之義，以見消長之迭倚；《雜卦》則舉六十四卦彼此反對之例，以明剛柔之相雜。錯綜其義，言非一端，是非旁貫全經不能通曉也，當以殿於末焉。

第三，籀《易》之例。《易》之發凡起例，盡於《說卦》及上下《繫辭傳》。然而書不盡言，言不盡意。有據辭籀推，可以意會者；有發於他經，不見《易》書者。觀其會通，籀爲大例：有畫卦之例，有繫辭之例，有玩占之例。

(甲) 畫卦之例。

《易》有太極，是生兩儀；兩儀生四象，四象生八卦。八卦成列，象在其中矣。有天道焉，有人道焉，有地道焉；兼三才而兩之，故六。是以立天之道曰陰與陽，立地之道曰柔與剛，立人之道曰仁與義；兼三才而兩之，故《易》六畫而成卦。分陰分陽，迭用柔剛，故《易》六位而成章。然言位者有二義。“列貴賤者存乎位。”二三四五在上位者爲貴，在下位者爲賤。二四，則四貴而二賤；三五，則五貴而三賤。而初上爲無位之爻，初爲未仕之人，上則事外之地，皆不當位也。故《乾》之上曰“貴而无位”，《需》之上曰“不當位”。王弼注《需》上六曰“處无位之地，不當位者也。”若以一卦之體言之，則皆謂之位，故曰“《易》六位而成章”。《易緯·乾鑿度》曰：“初爲元士，二爲大夫，三爲三公，四爲諸侯，五爲天子，上爲宗廟；凡此六者，陰陽所以進退，君臣所以升降，萬民所以爲象則也。”後來注家多據以爲說。然亦有以四爲三公，三爲諸侯者，如《繫辭下》“二與四同功而異位”，崔憬曰：“二主士大夫位，佐於一國，四主三孤、三公、牧伯之位，佐於天子，皆同有佐理之功也。二主士大夫，位卑，四孤公牧伯，位尊，故有異也”，又“三與五同功而異位”，崔憬曰：“三，諸侯之位，四，天子之位；同有理人之功，而君臣之位異也”。則是四爲三公，三爲諸侯矣！此亦不可不知也。雖然，猶有疑第一位言初、第六位當言終，第六位言上、第一位當言下，所以文不同者；蓋下言初，則上有末義。故䷛《大過》彖云：“棟撓本末弱”，則是上有末義。六言上，則初當言下，故䷀《乾小象》云：“潛龍勿用，陽在下也”，則是初有下義。互文相通，一也。且第一言初者，欲明萬物積漸，後无入有，所以言初，不言一與下；而六言上者，欲見位居卦上，故不言六與末。二也。此畫卦之大例。然而猶有可論者。

（一）卦爻有主。卦主之説，漢宋之儒皆用之。欲明卦主，宜籀彖辭，而彖辭之繫，蓋統觀六爻以立義者；如《屯》則以初爲侯、《蒙》則以二爲師、《師》則以二爲將、《比》則以五爲君，其義皆先定於彖，爻辭不過因之而隨爻細別耳。其爻之合於卦義者吉，不合於卦義者凶。

（二）爻有當位不當位。凡陽爻居陽位，陰爻居陰位者，曰“當位”；反之而陽爻居陰位，陰爻居陽位，曰“不當位”。而二四爲陰位，三五爲陽位；六爲陰爻，九爲陽爻。如䷉《履》六三“履虎尾，咥人凶”，象曰：“咥人之凶，位不當也”；九五“夬履貞厲”，象曰：“夬履貞厲，位正當也”。䷒《臨》六四“至臨无咎”，象曰：“至臨无咎，位當也”。䷡《大壯》六五“喪羊于易，无悔”，象曰：“喪羊于易，位不當也”。如此之類，大抵當位者吉，不當位者凶。

（三）爻有比應。“應”者，上下體相對應之爻也；“比”者，逐位相比連之爻也。如䷆《師》象曰：“剛中而應”，指九二與六五應；䷌《同人》象曰：“中正而應”，指六五與九二應。此之謂“應”。又如䷇《比》六三“比之匪人”，指三上比六四、下比六二，皆陰柔不正，故以“匪人”爲言；六四“外比之貞吉”，象曰：“外比於賢，以從上也”，孔穎達疏：“外比九五，居中得位，故稱賢也”。此之謂“比”。然陽之所求者陰，陰之所求者陽；比與應，必一陰一陽，乃相求而相得。而六爻之中，惟四與五比、二與五應爲最重。蓋以五爲尊位，四近而承之，二遠而應之也。然近而承者，則貴乎恭順、小心，故剛不如柔之善；遠而應者，則貴乎强毅、有爲，故柔又不如剛之善。以此例推之：《易》中以六四承九五者皆吉，以九四承六五者多凶；以九二應六五者皆吉，以六二應九五者不能吉。其它四與初，猶或取相應之義；三與上，則取應義者少矣。五與上，猶或取相比之義；初與二、二與三、三與四，則取比義者少矣。若其爻爲卦主，則羣爻皆以比之、應之爲吉凶焉。

（四）卦内爲互。凡卦爻二至四、三至五兩體交互各成一卦，謂之互體。權輿《左氏》莊公二十二年，陳侯筮，遇䷓《觀》之䷋《否》，曰：“風爲天於土上，山也”。杜預注：“自二至四有☶艮象，（四爻變故）艮爲山”，是也。大抵八卦之中，☰☷《乾》《坤》純乎陰陽，故無互體。若《震》《巽》《艮》《兑》分主四時，而《坎》《離》居中以運之，是以下互☳《震》而上互☶《艮》者，䷜《坎》也；下互☴《巽》而上互☱《兑》者，䷝《離》也。若䷲《震》䷸《巽》分《乾》《坤》之下畫，則上互有☵《坎》☲《離》；☶《艮》䷹《兑》分《乾》《坤》之上畫，則下互有☵《坎》☲《離》。而䷲《震》䷳《艮》又自相互，䷸《巽》䷹《兑》又自相互。斯陰陽、老少之交相資也。惟《易》書未嘗明言之，而爻辭多有取象互體者：䷂《屯》六二："女子貞不字"。蓋《屯》二至四互☷《坤》，坤道成女，故稱"女子"；二居《坤》初，故曰"不字"也。䷉《履》六三："眇能視，跛能履。"蓋《履》二至四互☲《離》，三至五互☴《巽》；離爲目，故能視，巽爲股，故能履。其下卦☱《兑》也；兑爲毁折，故眇且跛也。此其例也。然古人互體之法但於六畫中求兩互，是正例也。

漢人説《易》如剥蕉，於是又有從互體以求重卦之法，謂之連互。蓋取兩互卦與兩正卦參錯連之；下互連外體，上互連内體，各得一卦，所謂五畫之連互也。下互連内體，上互連外體，又各得一卦，所謂四畫之連互也。虞翻解䷏《豫》曰："《豫》初至五互體䷇《比》，故利建侯"，是五畫連互之説也；又曰："三至上互體䷆《師》，故利行師"，是四畫連互之説也。王弼尚名理，讓互體，然注䷥《睽》六二曰："始雖受困，終獲剛助。"《睽》自初至五成䷮《困》，此用互體也，即卜筮家占法亦用之。宋人或筮取妻，得䷽《小過》，不知其説，質之沙隨，則曰："大吉。"蓋内卦兼互體爲䷴《漸》，《漸》女歸吉；外卦兼互體，則䷵《歸妹》也。是誠曲而中矣。

（五）卦外相之。凡以兩爻交易而得一卦者，謂之之卦；言之卦者亦始《左氏》。莊二十二年，陳侯筮，遇䷓《觀》之䷋《否》，謂遇《觀》卦；以四爻動當變，故以六四變九四，以《巽》變《乾》，而爲《觀》之《否》。閔元年，畢萬筮，遇䷂《屯》之䷇《比》，謂遇《屯》卦；以初爻動當變，故以初九變初六，以《震》變《坤》，而爲《屯》之《比》。"之"之爲言往也。虞翻說《易》，大抵取之卦者爲多焉。

（六）卦無不對。六十四卦之相比者，無不兩兩相對，但有正對，有反對。䷀《乾》之與䷁《坤》、䷜《坎》之與《離》䷝、䷚《頤》之與䷛《大過》、䷼《中孚》之與䷽《小過》，八卦正對也。正對不變，故反覆觀之，止成八卦。其餘五十六卦，皆反對也。反對者皆變，故反覆觀之，共二十八卦。以正對卦合反對卦觀之，總而爲三十六卦。《上經》三十卦，不變卦凡六，《乾》《坤》《坎》《離》《頤》《大過》，是也。自䷂《屯》䷃《蒙》而下二十四卦，反之則爲十二；以十二而加六，則十八也。《下經》三十四卦，不變卦凡二，《中孚》《小過》是也。自䷞《咸》䷟《恆》而下三十二卦，反之則爲十六；以十六加二，亦十八也。上下《經》之卦數，豈不適相均哉！

（乙）繫辭之例。

聖人設卦觀象：卦有小大，象有往來。大抵上卦日外，下卦曰內；內卦爲主，外卦爲客；自外曰來，自內稱往。䷂《屯》"元亨利貞，勿用有攸往。"朱子《本義》："《震》動在下，《坎》險在上，是能動乎險中；能動雖可以亨，而在險則宜守正，而未可遽有所往耳。"䷗《復》"朋來无咎。"虞翻注："《兑》爲朋，在內稱來。五陰从初，初陽正息而成《兑》；故朋來无咎。"殊爲曲說；而曰"在內稱來"，尤乖《易》例，不知同道曰朋。五陰在外，一陽在內，五陰同志來從初陽，故曰"朋來"。陰之所求者陽，何咎之有！䷯《井》"往來井井。"虞翻注："泰初之五也；往謂之五，來謂之初。"

此往來之說也。陽卦爲大，陰卦爲小。䷊《泰》“小往大來。”虞翻注：“坤陰詘外爲小往，乾陽信內爲大來。”朱子《本義》：“小謂陰，大謂陽；言坤往居外，乾來居內。”䷋《否》“大往小來。”孔穎達疏：“陽氣往而陰氣來，故曰‘大往小來’。陽主生息，故稱大；陰主消耗，故稱小。”此小大之說也。

卦有小大，辭有險易，繫辭焉而明吉凶。吉凶者，言乎其失得也；悔吝者，言乎其小疵也；无咎者，善補過也。然而不可不知者：一、諸卦及爻，亦有不言吉凶者。義有數等：或吉凶據文可知，不須明言吉凶者；若《乾》“元亨利貞”及九五“飛龍在天，利見大人”之屬，尋文考義，是吉可知，故不須云吉也。若其《剝》“不利有攸往”、《離》之九四“突如其來如，焚如，死如，棄如”之屬，據其文辭，其凶可見，故不言凶也。亦有爻處吉凶之際，吉凶未定，行善則吉，行惡則凶；是吉凶未定，亦不言吉凶。若《乾》之九三“君子終日乾乾，夕惕若厲，无咎”、若《屯》之六二“屯如邅如，乘馬班如，匪寇婚媾，女子貞不字，十年乃字”，是吉凶未定，亦不言吉凶也。又諸稱“无咎”者，若不有善應則有咎，若有善應則无咎，此亦不定言吉凶也。諸稱“吉凶”者，皆嫌其吉凶不明，故言吉凶以明之。若《坤》之六五“黃裳元吉”，以陰居尊位，嫌其不吉，故言吉以明之；推此，餘可知也。亦有於事无嫌，吉凶灼然可知，而更明言吉凶者。若《剝》之初六“剝床以足，蔑貞，凶”、六二“剝床以辨，蔑貞，凶”，此皆凶狀灼然而言凶也。或有一卦之內、一爻之中，得失相形，須言吉凶。若《大過》九三“棟撓凶”、九四“棟隆吉”，是一掛相形也；《屯》九五“屯其膏，小貞吉，大貞凶”，是一爻相形也。亦有一事相形，終始有異，若《訟》卦“有孚窒，惕中吉，終凶”之類，是也。大略如此。二、言“无咎”者有二：有善補過，故无咎者；亦有禍自己招，无所怨咎，如《節》之六三“不節之嗟，又誰咎”者，但如此者少，此據多者言之，故云“无咎者，善補過也”。此繫辭之大例。但辭，有卦辭，有爻辭，有釋卦辭、爻辭之辭。

（一）卦辭。卦之繫辭，多曰“元、亨、利、貞”，是謂四德。但餘卦四德，有劣於《乾》，故《乾》卦直云“元亨利貞”，餘無所言；欲見四德《乾》所固有，而無所不包。其餘卦則四德之下，更有餘事；以四德狹劣，故以餘事繫之，如《坤》“元亨，利牝馬之貞”之類，是也。亦有四德之上，卽論餘事，若《革》卦云“已日乃孚，元亨，利貞，悔亡”，[1] 由“乃孚”之後，“元亨，利貞”乃得“悔亡”也。有四德者，卽《乾》《坤》《屯》《臨》《隨》《无妄》《革》七卦是也。然其中有不同：或其卦當時之義，卽有四德；如《乾》《坤》《屯》《臨》《无妄》，此五卦之時，卽能四德備具。亦有其卦非善而有四德者；以其卦凶，故有四德乃可也。如《隨》卦有元亨利貞，乃得无咎；无此四德，則有咎也。與前五卦，其義稍別。其《革》卦“已日乃孚，元亨，利貞”，若不已日乃孚，則無四德；又與《隨》別。然則四德具者其卦未必善也。亦有三德者：卽《離》《咸》《萃》《兌》《渙》《小過》，言“亨利貞”者凡六卦。就三德之中，爲文不一，或總稱三德於上，更別陳餘事於下；若《離》“利貞，亨，畜牝牛，吉”，《咸》“亨，利貞，取女吉”之屬，是也。就三德之中，上下不一。《離》則云“利貞，亨”，由“利真”乃得“亨”也。亦有先云“亨”，更陳餘事；乃始云“利貞”者，以有餘事乃得利貞故也。有二德者：《大有》《蠱》《升》

[1] “已日”今本作“巳日”，見《十三經注疏》，第60頁；下同。——編者註

云“元亨”，《困》云“亨貞”，《大蓄》《漸》《中孚》云“利貞”，凡七卦。其言二德，或在事上，或繫事後，以先有事乃致此二德故也。亦有一德者：若《蒙》《師》《小畜》《履》《泰》《謙》《噬嗑》《賁》《復》《大過》《震》《豐》《節》《既濟》《未濟》凡十五卦皆一德，並是“亨”也。或在事上，或繫事後，如《履》卦云：“履虎尾，不咥人，亨”，由有事乃得亨也。

以前所論德者，皆於經文挺然特明德者乃言之也；其有因事相連而言德者，則不數之也。若《需》卦云：“需，有孚，光亨貞吉”，雖有“亨貞”二德，連事起文，故不數；《遯》卦云：“亨，小利貞”，雖有三德，亦不數，其它可以類推也。亦有卦善而德少者，若《泰》與《謙》《復》之類，雖善惟一德也。亦有全无德者，若《豫》《觀》《剝》《蹇》《夬》《姤》之屬，是也。亦有卦善而無德者，《井》《解》之屬，是也。

凡四德者，亨之與貞，其德特行；若元之與利，則配連他事。其意以元配亨，以利配貞，如《乾》“元亨利貞”，雖繫四德，實只兩意。何則？元，始也；亨，通也；利，宜也；貞，正而固也。乾元者，始而亨者也。人能至健，自始卽通，然必宜於正固；是只兩意也。但《易》之中，有言“小亨”者矣，有言“不可貞”者矣。一時之通，其亨則小，惟自始而卽亨焉，所謂愼圖之於始者，而後其亨乃可大可久也；是元在亨之先也。硜硜之固，固則非宜，惟有宜者在焉，而後可以固守也；是宜在貞之先也。其在六十四卦者，皆是此理。故其言“元亨”者，合乎此者也；其但言“亨”或曰“小亨”者，次乎此者也。其言“利貞”者，合乎此者也；其言“不可貞”“勿用永貞”或曰“貞凶”“貞厲”“貞吝”者，反乎此者也。元雖配亨，亦配他事，故《比》卦云：“元永貞”、《坤》六五

“黃裳元吉”是也。利亦非獨利貞，亦所利餘事多矣，若“利涉大川”“利建侯”“利見大人”“利君子貞”；如此之屬，連事起文，不數以爲德也。此四德，非惟卦下有之，亦於爻下有之，但爻下其事稍少。

（二）釋卦辭。釋卦辭者有彖，有象。

彖者，斷一卦之義，先釋名，後釋辭。其釋名，則雜取諸卦象、卦德、卦體；有兼取者，有但取其一二者，要皆以傳中首一句之義爲重。如《屯》則“剛柔始交而難生”、《蒙》則“山下有險”，皆第一義也。釋辭之體尤爲不一：有直據卦名而論其理者，有雜取卦象、卦德、卦體者。蓋辭生於名，就卦辭觀之，則據卦名而論其理者，正也。然名既根於卦，則辭亦不離乎卦，雜而取之，一則所以盡名中之蘊，以見辭義之有所從來；一則以爲二體六爻吉凶之斷例，而見辭義之無所不包也。惟《乾》《坤》《坎》《離》《震》《艮》《巽》《兑》八卦不釋名者：八卦之名，文王無改於伏羲之舊，而其德其象，相傳已久，不待釋也。惟《坎》加“習”字，有取於重卦之義，故特釋之。其釋辭，則亦雜取卦德、卦象與其爻位。如釋《乾》“元亨利貞”之辭，則以天言之者，其卦象也；以九五言之者，其爻位也。釋《坤》辭以地，釋《坎》辭以水，釋《震》辭以雷，則皆卦象也。釋《坎》以“剛中”，釋《離》以“柔中”，釋《艮》曰“上下敵應，不相與也”，釋《巽》曰“剛巽柔順”，釋《兑》曰“剛中柔外”，則皆爻位也。

大抵爻之爲卦主者，必見義於彖，而辭例亦不一。有發首則歎美卦者：《乾》彖云“大哉乾元”，《坤》彖云“至哉坤元”，以乾坤德大，故先歎美之，乃後詳說其義。或有先疊文解義而後歎者，則《豫》彖之終曰“豫之時義大矣哉”之類是也。或有先釋卦名之義，後以卦名結之者，則《同人》彖曰“柔得位得中而應乎乾，曰同人”、《大有》彖曰“柔得尊位大中，而上下應之曰大有”之例，是也。或有特疊卦名而稱其卦者，則《同人》彖曰“同人曰，同人於野，亨”。王弼注：“同人於野，亨。利涉大川，非二之所能也，是乾之所行，故特曰‘《同人》曰’。”此等之屬，爲文不同，唯《同人》之彖，特稱“同人曰”。其餘諸卦之彖或詳或略，或先或後，故上下參差，體例不同。

象者，説一卦之象。六十四卦不同：或總舉象之所由，不論象之實體；又總包六爻，不顯上體下體，則《乾》《坤》二卦，是也。

或直舉上下二體者，若雲雷《屯》也、天地交《泰》也、天地不交《否》也、雷電《噬嗑》也、雷風《恒》也、雷雨作《解》也、風雷《益》也、雷電皆至《豐》也、洊雷《震》也、隨風《巽》也、習坎《坎》也、明兩作《離》也、兼山《艮》也、麗澤《兑》也；凡此一十四卦，皆總舉兩體而結義也，取兩體俱成。

或有直舉兩體，上下相對者：天與水違行《訟》也，上天下澤《履》也，天與火《同人》也，上火下澤《睽》也；凡此四卦，或取兩體相違，或取兩體相合，或取兩體上下相承而爲卦也，故兩體相對而俱言也。

雖上下二體，共成一卦，或直指上體而爲文者，若雲上於天《需》也、風行天上《小畜》也、火在天上《大有》也、雷出地奮《豫》也、風行地上《觀》也、山附於地《剥》也、澤滅木《大過》也、雷在天上《大壯》也、明出地上《晉》也、風自火出《家人》也、澤上於天《夬》也、澤上於地《萃》也、風行水上《涣》也、水在火上《既濟》也、火在水上《未濟》也；凡此十五卦，皆先舉上象而連於下，亦意取上象以立卦名也。

亦有雖意在上象而先舉下象以出上象者：地上有水《比》也，澤上有地《臨》也，山上有澤《咸》也，山上有火《旅》也，木上有水《井》也，木上有火《鼎》也，山上有木《漸》也，澤上有雷《歸妹》也，山上有水《蹇》也，澤上有水《節》也，澤上有風《中孚》也，山上有雷《小過》也；凡此十二卦，皆先舉下象以出上象，亦意取上象共下象而成卦也。

或先舉上象而出下象，義取下象以成卦義者：山下出泉《蒙》也，地中有水《師》也，山下有風《蠱》也，山下有火《賁》也，天下雷行《无妄》也，山下有雷《頤》也，天下有山《遯》也，山下有澤《損》也，天下有風《姤》也，地中有山《謙》也，澤中有雷《隨》也，地中生木《升》也，澤中有火《革》也；凡此十三卦，皆先舉上體，後明下體也。

其上體是天，天與山則稱下也；若上體是地，地與澤則稱中也。或有雖先舉下象，稱在上象之下者，若雷在地中《復》也、天在山中《大畜》也、明入地中《明夷》也、澤无水《困》也；是先舉下象而稱在上象之下，亦義取下象以立卦也。

所稱之象，有實象，有假象。實象者，若地上有水《比》也、地中生木《升》也，皆非虛，故言實也；假象者，若天在山中、風自火出，如此之類實無此象，假而爲義，故謂之假也。雖有實象、假象，皆以義示人，總謂之象也。彖釋名，或舉卦象，或舉卦德，或舉卦體；而象則專取兩象以立義，而德、體不與焉。

（三）爻辭。六爻相雜，惟其時物也。其初難知，其上易知，本末也；初辭擬之，卒成之終。若夫雜物撰德，辨是與非，則非其中爻不備。二與四同功而異位；二多譽，四多懼，近也。柔之爲道不利遠者，其要无咎，其用柔中也。三與五同功而異位；三多凶，五多功，貴賤之等也。其柔危，其剛勝耶？大約初上雖無位，而爲事之始終。自二至五，則居中而正，爲用事之位。其間有爲主爻者，則繫之辭曰我，䷃《蒙》九二、䷈《小畜》六四、䷓《觀》九五、䷚《頤》初九、䷽《小過》六五、䷼《中孚》九二也。獨䷄《需》三、䷧《解》三、䷱《鼎》三、䷷《旅》四，以本爻稱我耳。玩辭者擬其初竟其終，參合其物理以辯其是非而求其備，此學《易》之法也。

（四）釋爻辭。釋爻辭者亦稱“象曰”，以別於卦辭下之象，謂之小象。惟《乾》《坤》德大，别繫《文言》。大抵陽爻居陽位，陰爻居陰位，而位與爻相當者稱“正”，如《坤》六二文言曰“直其正也”、《履》九五象曰“位正當也”、《遯》九五象曰“以正志也”，此其例也。

凡初爻稱“始”，亦稱“下”。《坤》初六象曰：“陰始凝也”，《恆》初六象曰“始求深也”，此稱“始”之例也；《乾》初九象曰：“陽在下也”，《屯》初九象曰：“以貴下賤”，此稱“下”之例也。所以稱“下”者，蓋初位六爻之下，爻辭多以“足”“趾”“履”“尾”取象。如《剝》初六“剝床以足”，《鼎》九四“鼎折足”，此取象於“足”也；《噬嗑》初九“屨校滅趾”，《賁》初九“賁其趾”，此取象於“趾”也；《坤》初六“履霜”，《離》初九“履錯然敬之”，此取象於“履”也；《遯》初六“遯尾厲”，《既濟》初九“濡其尾，”此取象於“尾”也。

凡畫卦自初爻始，故初爲本，上爲末。《大過》中四陽，上下兩陰，有棟撓之象，故彖曰“本末弱也”。以畫卦言之，則初始而上終；而以重卦言之，則初卦而上上。《易》例陽稱貴，陰稱賤。《屯》以初九下六二，故曰“以貴下賤”。其它可以類推也。

凡九居二、六居五者稱“中”，亦稱“中行”。《坤》六五象曰：“文在中也”，《小畜》九二象曰：“牽復在中”，此稱“中”之例也；《師》六五象曰：“以中行也”，《未濟》九二象曰：“中以行正也”，此稱“中行”之例也。

凡六居二、九居五者稱“中正”，如《需》九五象曰“以中正也”、《豫》六二象曰“以中正也”，是也。亦有稱“正中”者，如《乾》九二文言曰“龍德而正中者也”，但與稱“中正”者微有別。蓋稱“中正”者，二事也：二、五爲中，陰陽當位爲正。稱正中者一事也，但取其正得中位，非以當位言也。

凡三、四爻稱“際”，亦稱“疑”。《泰》九三象曰“无往不復，天地際也”，《坎》六四象曰“剛柔際也”，此稱“際”之例也；《乾》九四“或躍在淵”文言曰“或之者，疑之也”，《損》六三象曰“三則疑也”，此稱“疑”之例也。蓋卦以下爲內、上爲外，而三爻者內卦之終，四爻者外卦之始，故稱際。而疑於進退可否之間：《乾》文言之說九四曰“上下无常”、曰“進退无恆”，故曰“或之者疑之也”；以爲六十四卦之發凡起例，而疑之誼起焉。

凡上爻稱“終”，亦稱“窮”。《比》上六象曰“无所終也”，《剝》上九象曰“終不可用也”，此稱“終”之例也；《乾》上九言曰“窮之災也”，《坤》上六象曰“其道窮也”，此稱“窮”之例也。蓋上位六爻之上，與初居一卦之下者不同。初取象於“足”“趾”“尾”以最下體也，故稱“下”；上取象於“首”“頂”“角”以最上體也，故稱“窮”。《比》上六“比之无首”，《離》上九“有嘉折首”，此取象於“首”也；《大過》上六“過涉滅頂”，此取象於“頂”也；《晉》上九“晉其角”，《姤》上九“姤其角”，此取象於“角”也。

大抵上戒其不終，初教以防漸；謹小慎微，而貴於中以行正，無過不及。此作《易》之微意也。

（丙）玩占之例。

昔有聖人之作《易》也，幽贊於神明而生蓍，朱子曰：易只是爲卜筮而作，故《周禮》分明言太卜掌三易《連山》《歸藏》《周易》古人於卜筮之官，立之凡數人。秦去古未遠，故周易亦以卜筮，得不焚。又曰聖人作易本事使人卜筮以决所行之可否而因之以教人爲善故卦爻之辭只是因依象類，虛設於此。參天兩地而倚數。孔穎達曰：兩三爲奇數之初，不以一目奇者。張氏云，以三中含兩爲耦數之始，有一以包兩之義明天有包地之德陽有包陰之道孔穎達曰：“雨爲耦數之始，三為奇數之初。不以一目奇者，張氏云：‘以三中含雨有：以包雨之義明，天有包地之德，陽有色陰之道’。”以五乘十，大衍之數也，而道據其一；漢書·律曆志不用而用以之通，非數而數以之成，斯《易》之太極也，其用四十有九。分而爲二以象兩，天於左手，地於右手。有天地，則人生焉，於是掛一以象三。

而掛者，當取左一蓍掛右手之小指，象天施而地生成之也。然後，先置右手之蓍於一處，而以右手四四而數左手之蓍；又置左手之蓍，而以左手四四而數右手之蓍；是之謂揲。揲，間而數之也。揲之以四者，象四時也；其左右手交揲者，象天地交泰，而四時序，歲功成也。所揲之餘曰扐，不一則二，不三則四也；扐并合，以掛左手之小指，爲一扐，不四則八也。已一扐，復取前過揲之蓍，分而爲二，揲之以四如初，而求其所揲之餘，是爲再扐。而歸以所掛之一，是謂“歸奇於扐以象閏”。閏，積月之餘日以成月者也。五歲再閏，故再扐而後掛。所得之數，不五則九也；以并於扐而掛左手之小指。又取前過揲之蓍而三揲之如初，而求其扐。左右手并合，仍不四則八，如初扐也；仍以并掛左手之小指，而一爻之陰陽以定。

三扐所并之數共十三，即初扐四、再扐五、第三扐四之和。則存蓍三十六；四十九減十三之餘。以四揲之，適九，老陽也。三扐所并之數共二十五，即初扐八、再扐九、第三扐八之和。則存蓍二十四；四十九減二十五。以四揲之，適六，老陰也。若三扐之並數二十一，初扐八、再扐九、第三扐四或初扐四、再扐九、第三扐八或初扐八、再扐五、第三扐八所并之和。則存蓍二十八；四十九減二十一。以四揲之，適七，少陽也。并數十七，初扐四、再扐五、第三扐八或初扐八、再扐五、第三扐四或初扐四、再扐九、第三扐四之和。則存蓍三十二；四十九減十七。以四揲之，適八，少陰也。陽之進者爲老、退者爲少，故九爲老、七爲少；陰之退者爲老、進者爲少，故六爲老、八爲少。是故三揲而成爻，十有八揲而成卦；以動者尚其變，以卜筮者尚其占。

爻之老陰、老陽者，謂之動爻，皆變也；然一爻動則變，亂動則不變。而考之《春秋左氏傳》載春秋君卿之以《周易》占者：一爻變，則以變爻辭占。《莊二十二年傳》周史有以《周易》見陳侯者，陳侯使筮，遇䷓《觀》之䷋《否》，曰："是謂觀國之光，利用賓於王"；此《觀》六四爻辭也。《僖十五年傳》晉獻公筮嫁伯姬於秦，遇䷵《歸妹》之䷥《睽》，史蘇占之曰："不吉！其繇曰'士刲羊'，亦無衁也；'女承筐'，亦無貺也"；"士刲羊，女承筐，"《歸妹》上六爻辭也。此其例也。數爻變，則以卦辭占，如六爻皆不變之例。《襄九年傳》：穆姜薨於東宮；始往而筮之，遇䷳《艮》之八。史曰："是謂《艮》之䷐《隨》，《隨》其出也，君必速出。"《艮》不能變；《隨》必《艮》之五爻俱變、獨第二不變，則爲《隨》。姜曰："豈《隨》也哉！必死於此，弗得出矣！"蓋《艮》卦辭曰："艮其背，不獲其身；行其庭，不見其人"，故曰"必死於此"。而彖則曰："《艮》其止，止其所也"，故曰"弗得出"是也。

以爻辭占稱九六，以卦辭占稱八；九六皆變而八不變。不變之卦，不云七而云八者，蓋蓍圓而神，七也；卦方以知，八也；六爻易以貢，九六也。七七四十九，蓍之數；八八六十四，卦之數；九六變成三百六十四，爻之數。神以知來，知以藏往；知來爲卦之未成者，藏往爲卦之已成者，故不曰七而曰八。春秋內外《傳》從無筮得其卦之七者，以七者筮之數，未成卦也。筮之以錢代蓍，出於

《火珠林》，猶是漢人遺法，蓋其法亦有所本。《儀禮·士冠禮》注曰："所卦者，所以畫地記爻。"疏云："所卦者，所以畫地記爻者，筮法，依七八九六之爻而記之，但古用木畫地，今則用錢。以三少爲重錢，重錢則九也；三多爲交錢，交錢則六也。兩多一少爲單錢，單錢則七也；兩少一多爲拆錢，拆錢則八也。"按，賈公彦爲唐初人，而其疏《儀禮》自稱本於北齊黄慶、隋李孟悊二家，是則齊、隋與唐初皆已用錢；重、交、單、拆之名，與今不異也，但古人先揲蓍，而後以錢記之。其後術者漸趨簡易，但以三錢擲之，兩背一面爲拆，此卽兩少一多，少陰爻也；兩面一背爲單，此卽兩多一少，少陽爻也；俱面者爲交，交者拆之，此卽三多，爲老陰爻也；俱背者爲重，重者單之，此卽三少，爲老陽爻也。蓋以錢代蓍，一錢當一揲矣。

第四，説《易》之書。説《易》之書，《四庫全書》著録一百五十八部一千七百五十七卷，附録八部十二卷，而存目無書者，又不啻三倍焉，可謂夥頤沈沈者矣！大抵漢學明象數，宋儒闡義理；而王弼之注，則掃漢學象數之理障，而開宋儒義理之先河者也。粗舉數家，以觀覽。

（甲）漢學

《易漢學》八卷，清惠棟撰。兩漢《易》説之存於今者，無一完書。雖有唐李鼎祚採子夏《易傳》以下三十五家之説，然東鱗西爪，初學者苦不能貫串，不如棟此書之明其宗派，得其會通。凡《孟長卿易》二卷，《虞仲翔易》一卷，《京君明易》二卷；干寶附焉。《鄭康成易》一卷，《荀慈明易》一卷；其末一卷，則棟發明漢《易》之理，以辨正宋儒河圖洛書、先天太極之學。而陳壽熊《讀易漢學私記》舉正其失，語有據依，足爲惠氏之諍友！均刊入《皇清經解續編》。

《周易姚氏學》十六卷，清姚配中撰。其書主發揮漢儒之學，不名一家，而詳加以案，精研古義，自出機杼；視惠棟《周易述》，後來居上矣！刊入《皇清經解續編》。

《周易虞氏義》九卷，《消息》二卷，清張惠言撰。唐李鼎祚《周易集解》蒐采漢《易》，《虞注》爲多；而惠言求其條貫，明其統例，釋其疑滯，補其闕遺，爲《虞氏義》九卷，又表其大指，爲《消息》二卷，用功至深。漢學顓家，存此一綫！刊入《皇清經解》。

（乙）宋學

《周易注》十卷，魏王弼撰。其《繫辭》以下，則韓康伯注也。漢儒《易》學，皆明象數；至弼究爻位之上下，辨卦德之剛柔，乃發得意忘象之指，黜象數而言義理。程子謂學《易》，先看王弼；及爲《易傳》，不論象，不論卦變，皆采弼《注》。錄存其書，見以義理說《易》，自斯人始；著經學別派之由也。刊入《四部叢刊》附《略例》。

《周易折中》二十二卷，清康熙五十四年，大學士李光地等奉敕撰。其書主發揮宋儒之學，以朱子《周易本義》爲主，而上下《經》“十翼”篇次，一依《本義》。宋儒言《易》學者，邵康節明圖書、程子崇義理，各有所主。而朱子則參程、邵兩家以作《本義》，自謂“所作《本義》簡略，以義理程《傳》既備故”也。是書以《本義》爲主，而以程《傳》次其後；其有不合者，則稍爲折中其異同之致。程《傳》朱《義》之外，漢晋唐宋元明諸儒，其有所發明，足以佐程朱所未及者，又參合而研覈之；庶幾備宋學之要删。又以朱子圖書、象數之學，備於《啓蒙》，敷暢厥旨而具載書後，爲《御纂七經》之一；浙江圖書館有刻本。

（丙）非漢非宋而自名其學

《周易集註》十六卷，明來知德撰。其説《易》非漢非宋，專取《繫辭》“錯綜其卦”之説論易象。每注一卦，先釋象義、字義及錯綜義，然後訓本卦、本爻、正義；反覆周詳，惟恐讀者之不解。與貌爲艱深，故意令人無從索解者，殊有上下牀之别！坊間多有刻本，浙江蕭山來氏宗祠亦尚有存書。

《周易禪解》十卷，僧智旭撰。昔虞翻注《易》，引《參同契》；王弼《易》注，多雜老氏。以道家説《易》，盛于漢魏；而以禪參《易》，則起南朝。孔穎達《周易正義·序》稱：“江南義疏十有餘家，義涉釋氏”；書皆不傳。獨傳宋儒楊簡《楊氏易傳》二十卷，王宗傳《童溪易傳》三十卷；簡爲陸九淵弟子，宗傳與同時。其説《易》力排象數而不免涉於虛無，若有同契，然是義涉於釋氏，而非詁《易》以禪理也。乃智旭此書，以禪詁《易》，亦以《易》明禪，觸類而通，卽禪卽《易》；自序曰：“吾所由解《易》者，無他，以禪入儒，務誘儒以知禪耳”。可謂教下之别傳，《易》學之旁通者矣！金陵刻經處有刻本。

（丁）通論

《易通釋》二十卷，清焦循撰。清儒說《易》，張惠言爲顓門，而焦循則爲通學。其說《易》不依傍古人門戶，獨闢町畦，以虞氏之旁通，兼荀氏之升降，意在采漢之長而去其短。所爲《易通釋》一書，六通四闢，比例齊同，通於九數；假借轉注，本之六書，立說咸有據依。刊入《皇清經解》，亦有單刻本。

（戊）占筮書

《春秋占筮書》三卷，清毛奇齡撰。其書備采左氏《春秋》內外《傳》所載占筮之事，求其條貫，明其統類，以見古人觀象玩占之法。刊入《皇清經解續編》。

《京氏易傳》三卷，漢京房撰。房傳焦氏之學，故言術數者稱焦京，而房之推衍災祥，更甚於延壽。其書凡十四種，今佚十三，惟傳此書。其中飛伏、世應、五行、順逆之法，《春秋》占筮之所不言，而爲後世賣卜言術數者之所昉焉。刊入《漢魏叢書》《四部叢刊》。

《火珠林》一卷，無名氏。今賣卜擲錢占卦，盡用此書。坊刻本。

（巳）書不涉《易》而義有相發者

赫胥黎《天演論》，嚴復譯。

斯賓塞爾《羣學肄言》，嚴復譯。

柏格森《創化論》，張東森譯。

上三書，❶ 商務印書館印行，人所知見，茲不贅。

咫聞尺見，差有采獲；揭而布之，庶綿絕學！

❶ “上”原為“右”。——編者註

編後記

錢基博（1887~1957 年），江蘇無錫人，我國近現代著名國學家、教育家；辛亥革命时期曾一度投筆从戎，后汲汲于教育事业，言传身教，誨人不倦。其一生學贯四部、著述等身，代表作如《中國文學史》《現代中國文學史》《版本通義》《古籍舉要》《周易解題及其讀法》《四書解題及其讀法》等。錢锺書先生舉賢不避亲，赞乃父曰：“先君遺著有獨絕處。”

《四書解題及其讀法》由商務印書館于 1934 年首次出版，除《大學》《論語》《孟子》《中庸》外，另附《孝經》解題及其讀法。熟悉四書的讀者不難發現，較之通行本而言，錢先生的解題順序畧有不同。而之所以會如此，首先是因爲，四書之合编，始自朱子；其原本之次序，便是“首《大學》，次《論語》，次《孟子》，次《中庸》”。其次，朱子之如此安排，亦自有其良苦用心，錢先生之所謂“其教人也，以《大學》《語》《孟》《中庸》爲入道之序，而后及諸經”。但書肆之刊刻往往未及于此，竟至因《大學》《中庸》篇幅較少而合爲一册，遂致《中庸》居于《論語》之前。當然，更爲重要的是，“四書之學，朱子實以名家”；而后来之學者，或“以朱詁朱”而不失“正宗”，或“旁采眾家”以“折衷”于朱。故錢先生之解題，复一仍其舊。

及至以《孝經》附后，則有見錢先生之于漢學、宋學之兼收並蓄，各取其長。其《序》中有言：“惟朱子特標《四書》以約‘五經’之指歸，而漢學則揭《孝經》以見‘六藝’之總會。”故附之于后，“匪惟徵漢宋之異學，抑亦明至德之由茁”。也即是説，除了“辨章學術，考鏡源流”的應有之義外，錢先生之解題的深一層用意，便是在當时“末法昌披，人將相食”的大背景下，爲挽狂瀾于既倒乃至民族復興找到一條出路，所謂“窮則反本，緟温故書，然后知聖人憂世之情深，仁民之道大也”。其拳拳之心、耿耿之志，亦由以概見！

《周易解題及其讀法》由商務印書館于1931年首次出版。一如傳統的此類之作，本書之要旨亦不离“辨章学術，考鏡源流”。故而從“周易”之大體、之名實到《周易》之作者、之成書，從先秦諸子之引説、两漢學者之專論到《周易》之版本、之讀法，无不專爲考論、曲备周詳。不惟如此，其《緒論》《讀法》等章節，復引入斯賓塞爾之《群學肄言》及赫胥黎之《天演論》等當时最新的西哲思想，以會通易之廣大悉備、“神以知来，知以藏往”的奥義之所在。

如果説吕思勉先生的《經子解題》多“有益初學”的话，此二書則更適合于有一定國學特別是經學基础的研究者。其特色，簡而言之，即以經詁經，旁涉眾家，正名辨物，鈎稽詳核；援證博而推闡精，綱要備而條目明。其有益于后學，亦自不待多言。

本次整理，以商務印書館之初版为底本。其間，改豎排爲横排，對部分標點及段落進行了調整；其引文之個别字句與今通行本有異者，以“編者註”的方式出校；極個别明顯誤字，如《隋書》誤爲《随書》者，則徑改。然限于編者之水平，錯漏之處定難免，望讀者方家海涵並不吝賜教。

徐　浩
2015年8月

《民國文存》第一輯書目

紅樓夢附集十二種	徐復初
萬國博覽會遊記	屠坤華
國學必讀（上）	錢基博
國學必讀（下）	錢基博
中國寓言與神話	胡懷琛
文選學	駱鴻凱
中國書史	查猛濟、陳彬龢
林紓筆記及選評兩種	林紓
程伊川年譜	姚名達
左宗棠家書	許嘯天句讀，胡雲翼校閱
積微居文錄	楊樹達
中國文字與書法	陳彬龢
中國六大文豪	謝無量
中國學術大綱	蔡尚思
中國僧伽之詩生活	張長弓
中國近三百年哲學史	蔣維喬
段硯齋雜文	沈兼士
清代學者整理舊學之總成績	梁啟超
墨子綜釋	支偉成
讀淮南子	盧錫烃

國外考察記兩種	傅芸子、程硯秋
古文筆法百篇	胡懷琛
中國文學史	劉大白
紅樓夢研究兩種	李辰冬、壽鵬飛
閒話上海	馬健行
老學蛻語	范禕
中國文學史	林傳甲
墨子閒詁箋	張純一
中國國文法	吳瀛
四書、周易解題及其讀法	錢基博
老學八篇	陳柱
莊子天下篇講疏	顧實
清初五大師集（卷一）·黃梨洲集	許嘯天整理
清初五大師集（卷二）·顧亭林集	許嘯天整理
清初五大師集（卷三）·王船山集	許嘯天整理
清初五大師集（卷四）·朱舜水集	許嘯天整理
清初五大師集（卷五）·顏習齋集	許嘯天整理
文學論	[日] 夏目漱石著，張我軍譯
經學史論	[日] 本田成之著，江俠庵譯
經史子集要畧（上）	羅止園
經史子集要畧（下）	羅止園
古代詩詞研究三種	胡樸安、賀楊靈、徐珂
古代文學研究兩種	羅常培、呂思勉
巴拿馬太平洋萬國博覽會要覽	李宣龔
國史通略	張震南
先秦經濟思想史二種	甘乃光、熊寥
三國晉初史略	王鍾麒

清史講義（上）	汪榮寶、許國英
清史講義（下）	汪榮寶、許國英
清史要略	陳懷
中國近百年史要	陳懷
中國近百年史	孟世傑
中國近世史	魏野疇
中國歷代黨爭史	王桐齡
古書源流（上）	李繼煌
古書源流（下）	李繼煌
史學叢書	呂思勉
中華幣制史（上）	張家驤
中華幣制史（下）	張家驤
中國貨幣史研究二種	徐滄水、章宗元
歷代屯田考（上）	張君約
歷代屯田考（下）	張君約
東方研究史	莫東寅
西洋教育思想史（上）	蔣徑三
西洋教育思想史（下）	蔣徑三
人生哲學	杜亞泉
佛學綱要	蔣維喬
國學問答	黄筱蘭、張景博
社會學綱要	馮品蘭
韓非子研究	王世琯
中國哲學史綱要	舒新城
中國古代政治哲學批判	李麥麥
教育心理學	朱兆萃
陸王哲學探微	胡哲敷

認識論入門	羅鴻詔
儒哲學案合編	曹恭翊
荀子哲學綱要	劉子静
中國戲劇概評	培良
中國哲學史（上）	趙蘭坪
中國哲學史（中）	趙蘭坪
中國哲學史（下）	趙蘭坪
嘉靖御倭江浙主客軍考	黎光明
《佛游天竺記》考釋	岑仲勉
法蘭西大革命史	常乃悳
德國史兩種	道森、常乃悳
中國最近三十年史	陳功甫
中国外交失敗史（1840~1928）	徐國楨
最近中國三十年外交史	劉彦
日俄戰爭史	吕思勉、郭斌佳、陳功甫
老子概論	許嘯天
被侵害之中國	劉彦
日本侵華史兩種	曹伯韓、汪馥泉
馮承鈞譯著兩種	伯希和、色伽蘭
金石目録兩種	李根源、張江裁、許道令
晚清中俄外交兩例	常乃悳、威德、陳勛仲
美國獨立建國	商務印書館編譯所、宋桂煌
不平等條約的研究	張廷灝、高爾松
中外文化小史	常乃悳、梁冰弦
中外工業史兩種	陳家錕、林子英、劉秉麟
中國鐵道史（上）	謝彬
中國鐵道史（下）	謝彬

中國之儲蓄銀行史（上）	王志莘
中國之儲蓄銀行史（下）	王志莘
史學史三種	羅元鯤、呂思勉、何炳松
近世歐洲史（上）	何炳松
近世歐洲史（下）	何炳松
西洋教育史大綱（上）	姜琦
西洋教育史大綱（下）	姜琦
歐洲文藝雜談	張資平、華林
楊墨哲學	蔣維喬
新哲學的地理觀	錢今昔
德育原理	吳俊升
兒童心理學綱要（外一種）	艾華、高卓
哲學研究兩種	曾昭鐸、張銘鼎
洪深戲劇研究及創作兩種	洪深
社會學問題研究	鄭若谷、常乃悳
白石道人詞箋平（外一種）	陳柱、王光祈
成功之路：現代名人自述	徐悲鴻等
蘇青與張愛玲	白鷗
文壇印象記	黄人影
宋元戲劇研究兩種	趙景深
上海的日報與定期刊物	胡道静
上海新聞事業之史話	胡道静
人物品藻録	鄭逸梅
賽金花故事三種	杜君謀、熊佛西、夏衍
湯若望傳（第一册）	［德］魏特著，楊丙辰譯
湯若望傳（第二册）	［德］魏特著，楊丙辰譯
摩尼教與景教流行中國考	馮承鈞

楚詞研究兩種	謝無量、陸侃如
古書今讀法（外一種）	胡懷琛、胡朴安、胡道靜
黃仲則詩與評傳	朱建新、章衣萍
中國文學批評論文集	葉楚傖
名人演講集	許嘯天
印度童話集	徐蔚南
日本文學	謝六逸
齊如山劇學研究兩種	齊如山
俾斯麥傳（上）	［德］盧特維喜著，伍光建譯
俾斯麥傳（中）	［德］盧特維喜著，伍光建譯
俾斯麥傳（下）	［德］盧特維喜著，伍光建譯
中國現代藝術史	李樸園
藝術論集	李樸園
西北旅行日記	郭步陶
新聞學撮要	戈公振
隋唐時代西域人華化考	何健民
中國近代戲曲史	鄭震
詩經學與詞學 ABC	金公亮、胡雲翼
文字學與文體論 ABC	胡朴安、顧藎丞
目録學	姚名達
唐宋散文選	葉楚傖
三國晉南北朝文選	葉楚傖
論德國民族性	［德］黎耳著，楊丙辰譯
梁任公語粹	許嘯天選輯
中國先哲人性論	江恆源
青年修養	曹伯韓
青年學習兩種	曹伯韓

青年教育兩種	陸費逵、舒新城
過度時代之思想與教育	蔣夢麟
我和教育	舒新城
社會與教育	陶孟和
國民立身訓	謝無量
讀書與寫作	李公樸
白話書信	高語罕
文章及其作法	高語罕
作文講話	章衣萍
實用修辭學	郭步陶
古籍舉要	錢基博
錢基博著作兩種	錢基博
中國戲劇概評	向培良
現代文學十二講	[日] 昇曙夢著，汪馥泉譯
近代中國經濟史	錢亦石
文章作法兩種	胡懷琛
歷代文評選	胡雲翼